MOESEG
GRISTNOGOL
GYFOES

RHAI DYLANWADAU ECWMENAIDD

MOESEG GRISTNOGOL GYFOES

RHAI DYLANWADAU ECWMENAIDD

NOEL A. DAVIES

Darlith Ymddiriedolaeth James Pantyfedwen 2013

Argraffiad cyntaf: 2013

Cynllun y clawr: Cyngor Llyfrau Cymru

Rhif Llyfr Rhyngwladol: 978 1 84771 657 6

Cyhoeddwyd, rhwymwyd ac argraffwyd yng Nghymru gan
Y Lolfa Cyf., Talybont, Ceredigion SY24 5HE
gwefan www.ylolfa.com
e-bost ylolfa@ylolfa.com
ffôn 01970 832 304
ffacs 832 782

Cynnwys

Rhagair

LLUNIWYD Y GYFROL hon yn sgil cyflwyno Darlith James Pantyfedwn ym mis Mawrth 2013. Ystyriaf y gwahoddiad i gyflwyno'r ddarlith hon yn fraint fawr. O gofio rhai o'r cewri a gyflwynodd y ddarlith hon yn y gorffennol, teimlaf fy mod yn annigonol iawn ar gyfer cyflawni'r dasg hon. Cofiaf yn fwyaf arbennig am yr Athro W. D. Davies, a'i ddarlith ar 'The Gospel and the Land', a ymddangosodd yn ddiweddarach ar ffurf llyfr sylweddol ac arwyddocaol ar faes na chawsai lawer o sylw yn fyd-eang cyn hynny. Soniaf yn arbennig am 'W.D.' gan iddo gael ei fagu ym Mryn Seion, Glanaman, lle y dechreuais fy ngweinidogaeth, a lle roedd ei deulu yn dal i wneud cyfraniad nodedig iawn i fywyd yr eglwys. Yr oedd ei ymweliadau â Glanaman o Brifysgol Duke yng Ngogledd Carolina yn gyfle iddo ddal i fyny â'r datblygiadau diweddaraf mewn crefydd a diwylliant yng Nghymru a byddai'n fy ngwahodd draw am sgwrs bob tro. Ystyriaf y sgyrsiau hynny ymhlith breintiau mwyaf fy mywyd. Bu ei gyfrol wych ar y Bregeth ar y Mynydd yn gymorth mawr wrth i mi drafod arwyddocâd y bregeth honno mewn perthynas â moeseg gyfoes yn y gyfrol hon.

Rwy'n dra diolchgar i Gadeirydd ac Ysgrifennydd Ymddiriedolaeth James Pantyfedwen am eu hynawsedd yn ymateb i'm hawgrym o gyhoeddi cyfrol ar bwnc y ddarlith eleni, yn hytrach na thestun y ddarlith ei hunan. Yn ystod blynyddoedd olaf fy nghyfnod yng Ngholeg y Drindod, Caerfyrddin, bûm yn darlithio mewn moeseg gyfoes yn y Gymraeg a'r Saesneg. Sylweddolais y pryd hwnnw, er bod toreth o lyfrau ar y pwnc hwn yn Saesneg, nad oedd unrhyw werslyfrau priodol yn y Gymraeg heblaw am gyfrol werthfawr y diweddar Harri Williams, *Duw a Phob Daioni,* a gyhoeddwyd ym 1985. Pan oeddwn yn brif arholwr mewn Crefydd a Moeseg (Lefel A) i Gydbwyllgor Addysg Cymru cefais gyfle i drafod hyn gyda myfyrwyr a'u hathrawon. Yn sgil hynny lluniais werslyfrau'n benodol ar faes llafur y Cydbwyllgor[1] a chafodd y rhain eu defnyddio'n helaeth yn ystod y blynyddoedd diwethaf. Ond y maent yn gyfyng eu maes ac wedi eu hanelu at fyfyrwyr Lefel A. Daeth yn amlwg o'm profiad yn y maes hwn dros y blynyddoedd, felly, fod angen cyfrol newydd sy'n trafod moeseg gyfoes o safbwynt Cristnogol, a diolchaf i'r myfyrwyr y bûm yn eu dysgu am ysgogi'r meddwl a herio barn a thrwy hynny gyfrannu at y gyfrol hon.

Gan mai'r mudiad ecwmenaidd fu maes fy ngyrfa broffesiynol a'm harbenigedd academaidd, cytunais i ystyried moeseg gyfoes o safbwynt ecwmenaidd. Dyna oedd ffocws y ddarlith ei hun ond y mae'r gyfrol hon yn ceisio ystyried y cwestiynau astrus sy'n codi yn y cyfnod cyfoes o safbwynt ehangach na'r mudiad ecwmenaidd yn unig. Ceisiais bwyso a mesur safbwyntiau gwahanol yn wrthrychol wrth lunio'r gyfrol ond gobeithiaf fod fy safbwynt personol yn dod yn amlwg hefyd. Fe fydd y cyfarwydd yn sylweddoli, wrth gwrs, fod nifer fawr o bynciau moesol nad ydynt yn cael sylw o gwbl yn y gyfrol hon gan ei bod yn canolbwyntio ar bynciau a gafodd sylw arbennig gan Gyngor Eglwysi'r Byd. Ond gobeithiaf fod yr ymdriniaeth o'r pynciau a gynhwysir yn awgrymu sut y gellid ymateb i bynciau eraill sy'n herio'r meddwl Cristnogol cyfoes. Gobeithir y bydd y llyfryddiaeth ar ddiwedd y gyfrol yn gymorth wrth chwilota yn y meysydd hyn mewn cyfrolau eraill.

Cyfrol fechan yw hon ac nid yw mewn unrhyw fodd yn

---

1 Davies, N. A., *Crefydd a Moeseg ar gyfer Myfyrwyr*, Gwasg UWIC, 2003 a
Davies, N. A., *Crefydd a Moeseg: Llawlyfr Athrawon*, Gwasg UWIC, 2003

dod yn agos at fod yn ddigonol ar gyfer myfyrwyr sy'n astudio moeseg mewn prifysgol na gweinidogion sy'n gorfod wynebu'r cwestiynau hyn yn gyson, ond gobeithiaf y bydd o leiaf yn agor cil y drws ar bwnc astrus a diddorol sy'n herio'r meddwl Cristnogol ac yn galw ar yr Eglwys i gynnig arweiniad i'n cymdeithas gyfoes. Rwy'n dra diolchgar i Marian Beech Hughes o Gyngor Llyfrau Cymru am sicrhau cywirdeb y gyfrol hon ac i wasg Y Lolfa am gynhyrchu cyfrol ddeniadol. Bai yr awdur, wrth gwrs, yw unrhyw wallau sydd ynddi.

Noel A. Davies
Adfent 2012

Yn ôl i'r Dechrau:
Seiliau Moeseg Gristnogol

AMCAN POB MOESEG yw ceisio cynorthwyo unigolion a'r gymdeithas ehangach i ddod i benderfyniadau ynglŷn â sut y dylid ymddwyn mewn sefyllfaoedd personol, teuluol neu gymdeithasol penodol. Yn draddodiadol, bu egwyddorion crefyddol yn sail ar gyfer penderfyniadau o'r fath. Yn y cyfnod clasurol, cyn-Gristnogol bu seiliau athronyddol 'seciwlar' yn greiddiol yn yr ymdrech hon ac yn y cyfnod yn dilyn yr Ymoleuo yn ystod y ddeunawfed ganrif bu llawer o athronwyr yn ceisio datblygu egwyddorion moesol nad oeddent yn ddibynnol ar gynseiliau crefyddol. Ond rhagdybiaeth y gyfrol hon yw fod gan grefydd, a Christnogaeth yn fwyaf arbennig, gyfraniad pwysig i'w wneud nid yn unig i gynorthwyo Cristnogion i wneud penderfyniadau moesol sy'n gydnaws â'u ffydd ond hefyd i gynorthwyo ymdrechion y gymdeithas gyfoes i osod canllawiau moesol a chyfreithiol er mwyn creu cymdeithas wâr sy'n cymell ei thrigolion i ymddwyn yn gyfrifol a chyfiawn. Y mae rhoi ystyriaeth i'r meddwl moesol Cristnogol mewn perthynas â rhai o'r materion heriol sy'n wynebu ein cymdeithas yn rhan o'n cyfrifoldeb a'n tystiolaeth Gristnogol sylfaenol ni.

Rhaid cydnabod, wrth gwrs, nad oes gennym, fel Cristnogion, fonopoli ar y meddwl moesol. Rydym yn byw mewn cymdeithas amlgrefyddol ac amlddiwylliannol, ac y mae hyn yn golygu bod amrywiaethau'n sicr o fodoli yn y modd y mae crefyddau eraill yn dirnad yr atebion i'r cwestiynau moesol sy'n ein hwynebu. Y mae'n ffaith hefyd fod llawer yn ein cymdeithas – y rhan fwyaf o bobl, efallai – nad ydynt yn ystyried cwestiynau moesol o safbwynt crefyddol o gwbl ac mae eraill yn wrthwynebus i unrhyw ymdrech i adael i'r safbwynt crefyddol ddylanwadu ar y meddwl cyhoeddus yn y meysydd hyn. A thra'i bod yn ofynnol i ni barchu'r safbwyntiau hyn a cheisio gweithio mewn deialog a phartneriaeth â phobl a mudiadau eraill, amcan y gyfrol hon yw ceisio cyflwyno arolwg o'r meddwl Cristnogol cyfoes mewn rhai meysydd dethol yn y gobaith y bydd hyn yn helpu Cristnogion (ac eraill, efallai) i ddod i benderfyniadau moesol ac i gyfrannu at y drafodaeth gymdeithasol ehangach.

Ond rhaid i ni wneud hyn gan sylweddoli fod Cymru wedi newid yn sylweddol yn ystod y ganrif ddiwethaf. Yn ôl R. Tudur Jones, roedd bod yn Gymro yng nghanol y bedwaredd ganrif ar bymtheg bron yn gyfystyr â bod yn Gristion. Roedd y mwyafrif mawr yn coleddu'r ffydd Gristnogol a chanran uchel iawn yn mynychu oedfaon yn gyson. Roedd dylanwad Cristnogaeth ar safonau moesol Cymru yn sylweddol. Roedd Cymru – o safbwynt crefydd, diwylliant a moesoldeb personol a chyhoeddus – yn wlad Gristnogol. Dyma oedd y patrwm yn nifer helaeth o wledydd y Gorllewin. Ond yn ôl arolwg o eglwysi Cymru ym 1995, 8.7% o'r boblogaeth oedd yn mynychu oedfa Gristnogol yn rheolaidd.[1] Bellach nid yw Cymru'n wlad Gristnogol ac y mae lle i amau nad yw'r foeseg Gristnogol yn sylfaenol i wead ein cymdeithas. Y cwestiwn anodd iawn ei ateb, wrth gwrs, yw hwn: i ba raddau y mae ymagweddau moesol y Gymru gyfoes yn adlewyrchu'n ddiarwybod y gwaddol Cristnogol sy'n rhan o wead cymdeithasol a meddyliol y genedl hon? Yn y diwedd, y cwestiwn pwysicaf oll, efallai, yw: sut mae meithrin

---

1   *Her i Newid*, Cymdeithas y Beibl, 1996

egwyddorion moesol mewn cymdeithas sydd ar un olwg yn amlgrefyddol ac i raddau helaeth yn anghristnogol? Ni all y gyfrol fechan hon anelu at fwy na gwneud cyfraniad bychan at y dasg enfawr hon.

Dyma'r oes a elwir yn 'ôl-fodernaidd'. Yn y diwylliant hwn, y mae'r mwyafrif yn teimlo'n rhydd i ddewis eu stori a'u hagwedd eu hunain: tamaid o'r fan yma, tamaid o'r fan acw. Nid ydynt bellach yn coleddu'r stori fawr, y darlun eang sy'n ceisio esbonio bywyd a gwirionedd (fel y bu'r stori Gristnogol unwaith). 'Dyma fy ngwirionedd i; dangoswch imi eich gwirionedd chwi.' Rhydd i bawb ei wirionedd ei hun. Mewn hinsawdd fel hon, sut mae dirnad a mynegi moeseg ar gyfer ein cymdeithas gyfoes? Unigolyddiaeth sy'n teyrnasu mewn moeseg, fel mewn gwleidyddiaeth ac economeg: 'Dyma fy moeseg i; dangoswch imi eich moeseg chwi.'

Ac eto, yn y cyfnod hwn mae'r cwestiynau moesol yn cael cryn sylw ar draws y cyfryngau ac yn faterion y mae ieuenctid mewn ysgolion a cholegau yn ogystal â Christnogion, dilynwyr crefyddau eraill a'r sawl sydd heb unrhyw ymlyniad crefyddol, â chryn ddiddordeb ynddynt. Amcan y gyfrol hon fydd rhoi amlinelliad o seiliau'r foeseg Gristnogol, ystyried goblygiadau'r meddwl Cristnogol mewn perthynas â rhai o faterion moesol y cyfnod a holi am ddylanwadau'r mudiad ecwmenaidd byd-eang, fel y cyfryw, ar y meddwl moesol hwnnw. Gwneir hynny yn fwyaf arbennig nid yn gymaint yn y meysydd moesol traddodiadol ond yn y meysydd hynny lle cafodd datblygiadau gwleidyddol, economaidd, gwyddonol a thechnolegol y cyfnod diweddar gymaint o ddylanwad ar feddylfryd ein cyfnod.

Fe gawn ddechrau yn y dechrau! O ble mae egwyddorion moesol yn tarddu? Beth yw seiliau penderfyniadau moesol? I'r Cristion, y mae nifer o atebion i'r cwestiynau hyn.

I. Y BEIBL

I Gristnogion, y brif ffynhonnell, os nad yr unig ffynhonnell, yw'r Beibl. Bydd yn rhaid inni edrych yn fwy manwl ar y Beibl fel ffynhonnell egwyddorion a dysgeidiaeth foesol, ond ar y dechrau fel hyn gallwn gytuno ar nifer o ffeithiau sylfaenol.

1. Y mae'r Beibl yn cynnwys corff sylweddol o ddysgeidiaeth foesol sydd wedi chwarae rhan ffurfiannol (ac yn parhau i wneud hynny) wrth wneud penderfyniadau moesol. Gellir darlunio hyn drwy gyfeirio at dair enghraifft:

   (a) *Y Deg Gorchymyn*
   (Exodus 20:2–17 a Deuteronomium 5:6–21)
   Y mae'r rhain yn amlinellu cod moesol crefyddol, personol a chymdeithasol sylfaenol sy'n dal i gael ei ystyried gan lawer fel sylfaen penderfyniadau moesol. Y maent yn pwysleisio cred mewn un Duw (monotheistiaeth) mewn hinsawdd amlgrefyddol yn hanes cenedl Israel ac yn galw am foesoldeb absoliwt: na ladd, na odineba. Mewn cymdeithas sydd wedi bod yn graddol droi ei chefn ar y Deg Gorchymyn y mae nifer yn dyheu am ailadeiladu ein cymdeithas gyfoes unwaith eto ar y seiliau hyn.

   (b) *Y Bregeth ar y Mynydd* (Mathew 5–7)
   Dyma gasgliad o ddysgeidiaeth sylfaenol Iesu sy'n cynnwys rhannau helaeth ar bynciau moesol. Y mae llawer enghraifft yma o'r modd y mae Iesu'n ailystyried y Deg Gorchymyn, yn eu hymestyn a'u dwysáu. 'Clywsoch fel y dywedyd wrth y rhai gynt, 'Na ladd ... Ond rwyf fi'n dweud wrthych y bydd pob un sy'n ddig wrth ei frawd yn atebol i farn.' (Mathew 5:21–22). Ond y mae cryn drafod ai deddfau moesol i gymdeithas gyfan yw'r rhain ynteu dysgeidiaeth ar gyfer disgyblion Crist.

(c) *Gweledigaeth o Shalom*

Y mae'r weledigaeth o *shalom* – tangnefedd cyfiawn a thrugarog – yn ganolog yn y Beibl, yn yr Hen Destament a'r Newydd. Y mae'n amlwg iawn yng ngwaith y proffwydi, yn enwedig proffwydi'r wythfed ganrif cyn Crist megis Amos, Hosea ac Eseia. Y mae'n elfen bwysig hefyd yn nysgeidiaeth Iesu am Deyrnas Dduw.

Y mae'r weledigaeth o Deyrnas Dduw, sydd mor ganolog yn yr Efengylau cyfolwg, yn dal i fod yn dra dylanwadol wrth i Gristnogion ystyried egwyddorion ac ymddygiad moesol, personol a chyhoeddus, yn y gymdeithas gyfoes.

2. Ffynhonnell gyffredinol o egwyddorion moesol yw'r Beibl, fodd bynnag, ac nid gwerslyfr sy'n cynnwys atebion penodol i gwestiynau moesol cyfoes. Y mae eithriadau i hyn, wrth gwrs, a byddai nifer helaeth o Gristnogion am gymryd gorchymyn megis, 'Na ladd', yn llythrennol, fel sail i egwyddor foesol sy'n gwahardd unrhyw ladd o dan unrhyw amgylchiadau. Byddai eraill am ddadlau mai delfryd y dylid anelu ati yw'r gorchymyn hwn ond nad yw'n bosibl glynu wrtho yn y byd real, bob dydd, a'i bod yn bosibl, ar seiliau Cristnogol, llunio, fel enghraifft, foeseg rhyfel cyfiawn, sy'n cyfiawnhau lladd mewn rhyfel o dan rai amgylchiadau penodol. Fel y gwelwn, y mae cryn ddadlau o hyd ynghylch y materion hyn.

3. Dylem nodi nad yw'r Beibl yn cynnig system unol o ddysgeidiaeth foesol. Y mae cryn amrywiaeth o fewn dysgeidiaeth foesol yr Hen Destament a'r Testament Newydd, a rhwng yr Hen a'r Newydd. Ar brydiau y mae'r amrywiaeth hwn yn troi'n anghytundeb neu'n wrthdaro.

4. Yn rhannol ar sail yr amrywiaeth hwn, y mae cwestiynau'n cael eu codi am awdurdod y Beibl mewn perthynas â moeseg. Gan nad oes cysondeb a chan fod y Beibl wedi ei ysgrifennu mewn cyfnod tra gwahanol i'n cyfnod ni, pan nad oedd cymdeithas yn gorfod wynebu'r cwestiynau cymhleth ac astrus sy'n ein hwynebu ni, a ellir ystyried y Beibl mwyach fel sail awdurdodol ar gyfer egwyddorion moesol neu a oes rhaid edrych i gyfeiriadau eraill am gyfarwyddyd? Byddai eraill yn dadlau nad yw'r amrywiaethau hyn yn tanseilio awdurdod y Beibl ac nad oes awdurdod digonol arall i foeseg Gristnogol.

5. Byddai cytundeb lled gyffredin drwy'r Eglwys Gristnogol y dylid rhoi'r flaenoriaeth i ddysgeidiaeth Iesu. Dyma'r gair olaf ar foeseg Gristnogol, fel ar faterion eraill. Ond hyd yn oed yma, y mae anghytundeb. Byddai rhai'n dadlau fod gan ddysgeidiaeth Iesu awdurdod absoliwt a therfynol tra byddai eraill yn holi a ydyw'n ofynnol i gydnabod bod Iesu hefyd (fel ninnau) wedi ei gyflyru gan ddiwylliant, crefydd, amgylchiadau a meddylfryd ei gyfnod. Cwestiwn arall sy'n cymylu'r maes hwn i rai yw union ddysgeidiaeth Iesu. A ydyw'r cyfan sy'n cael ei gyflwyno yn yr Efengylau fel 'dysgeidiaeth Iesu' yn ddilys neu a oes elfennau sy'n gynnyrch yr Eglwys Fore yn hytrach nag Iesu ei hun?

II. Y TRADDODIAD CRISTNOGOL

'Y traddodiad' yw'r meddwl Cristnogol sydd wedi datblygu dros ganrifoedd hancs yr Eglwys, a fynegir yn natganiadau awdurdodol Cynghorau'r Eglwys a chan arweinwyr yr Eglwys ac sydd, i raddau llai neu fwy, yn cael eu hystyried fel deddfau gofynnol ym mywyd y ffyddloniaid.

Y mae ffynonellau'r traddodiad yn amrywio ymhlith yr eglwysi gwahanol oddi mewn i'r byd Cristnogol.

Yr Eglwys Gatholig Rufeinig

Yn y cyfnod diweddar dau Gyngor y Fatican, a gynhaliwyd ym 1871 a rhwng 1962 ac 1965, fu prif ffynonellau arweiniad moesol yr Eglwys Gatholig Rufeinig. Galwodd y Pab yr esgobion at ei gilydd i ystyried pynciau creiddiol ym mywyd yr Eglwys ac i gyhoeddi datganiadau awdurdodol a fyddai'n rhoi cyfeiriad i fywyd yr Eglwys a'i ffyddloniaid.

Deil y traddodiad Catholig i roi'r prif bwyslais ar athroniaeth foesol Tomos Acwin (1225–74) a chyfraith naturiol (gweler isod) wedi ei dehongli a'i chyflwyno drwy gyfrwng dehongliad Catholig cyfoes o'r Ysgrythur. Canlyniad hyn yw fod lle canolog o hyd i'r gyfraith naturiol resymegol yn y meddwl moesol Catholig. Fe wnaed ymdrechion yn ddiweddar i geisio ailddehongli'r moesoldeb hwn yn nhermau'r 'personol' yn hytrach nag yn nhermau athronyddol 'natur neu hanfod dynol', ond yn sylfaenol deddf naturiol Tomos Acwin yw calon y moesoldeb Catholig.

Yn draddodiadol, bu'r ddysgeidiaeth foesol Gatholig yn unigolyddol ei phwyslais, ond yn ystod y cyfnod diweddar – ac yn fwyaf arbennig yn dilyn Ail Gyngor y Fatican – datblygodd traddodiad Dysgeidiaeth Gymdeithasol Gatholig a gyrhaeddodd ei benllanw yn y blynyddoedd diwethaf, yng Nghymru a Lloegr, yn Natganiad yr Esgobion dan y teitl, 'The Common Good'.

Galwodd Ail Gyngor y Fatican ar i ddysgeidiaeth Gatholig gymryd mwy o sylw o'r Ysgrythur a rhoi llai o sylw i'r awdurdodaeth draddodiadol er mwyn rhoi lle amlycach i gyfrifoldeb holl bobl Dduw – pobl leyg ac offeiriaid – yn y dasg o wneud penderfyniadau moesol penodol, hyd yn oed os yw cynhyrchu egwyddorion moesol yn dal i fod yn briod waith *magisterium* yr esgobion. O ganlyniad i'r Cyngor, daeth yr Eglwys yn fwy agored hefyd i ddoethineb foesol o eglwysi eraill a'r gwyddorau cymdeithasol.

Eglwysi'r Diwygiad Protestannaidd

Prif ffynhonnell moeseg Brotestannaidd yw'r Beibl ond y mae cryn amrywiaeth agwedd, a hynny'n ddibynnol ar nifer o ffactorau.

Safbwyntiau diwinyddol: Gall diwinyddiaeth efengylaidd, neu ecwmenaidd, neu ryddfrydol nodweddu enwad neu eglwys arbennig (neu garfan oddi mewn iddi) a gall hyn gael dylanwad sylfaenol ar agweddau tuag at foeseg bersonol a chymdeithasol.

Yn gyffredinol (er bod rhaid bod yn ymwybodol o amrywiaethau sylweddol o fewn y safbwyntiau cyffredinol hyn), mae Protestaniaid efengylaidd yn dueddol o fod yn foesol geidwadol. Byddant yn pwysleisio egwyddorion traddodiadol sy'n gwrthwynebu, er enghraifft, erthyliad ac unrhyw fath ar berthynas rywiol heblaw perthynas rhwng gŵr a gwraig oddi mewn i briodas. Yn y gorffennol, bu pwyslais cymdeithasol y traddodiad hwn yn geidwadol iawn hefyd, ond yn y blynyddoedd diweddar gwelwyd cryn newid tuag at radicaliaeth efengylaidd mewn perthynas â moeseg gyhoeddus ar faterion megis tlodi, rhyfel, iawnderau dynol a chyfiawnder rhyngwladol – o dan ddylanwad Jim Wallis o Gymdeithas y Sojourners yn yr Unol Daleithiau, er enghraifft.

Byddai traddodiadau Protestannaidd eraill yn pwysleisio agwedd ecwmenaidd tuag at foeseg. Byddant yn awyddus i wrando ar safbwyntiau Cristnogol eraill, gan gynnwys y safbwynt efengylaidd uchod yn ogystal â safbwyntiau Catholig ac Anglicanaidd. Byddant am bwyso a mesur y sefyllfa a cheisio dod i farn gytbwys yn dilyn ymgynghori ac astudio. Ond yn gyffredinol byddant yn awyddus i roi lle amlwg, y prif le gan amlaf, i'r Beibl wrth lunio'r farn hon.

Ond y mae ymhlith Protestaniaid hefyd draddodiadau ac unigolion a fyddai'n coleddu safbwynt radical a rhyddfrydol. Yr oedd y traddodiad hwn yn un cryf yng Nghymru yn niwedd y bedwaredd ganrif ar bymtheg a dechrau'r ugeinfed ganrif a chafodd ddylanwad mawr ar foeseg bersonol a chymdeithasol.[2] Dyma draddodiad yr Efengyl Gymdeithasol. Er bod y Beibl yn dal yn ganolog, gan amlaf byddai'n cael ei ddehongli mewn modd radical a oedd yn medru coleddu eithafiaeth beirniadaeth destunol y cyfnod. Fodd bynnag, cyfrannodd y traddodiad hwn yn greadigol at dystiolaeth foesol a chymdeithasol gyfoethog ac allweddol yr enwadau Protestannaidd ac anghydffurfiol.

Cyd-destun cymdeithasol a gwleidyddol: Y mae cyd-destun yn medru dylanwadu'n sylweddol ar foesoldeb. Gall blaenoriaethau moesol mewn sefyllfa o dlodi enbyd yn Affrica neu America Ladin fod yn dra gwahanol i flaenoriaethau moesol yng ngwledydd y Gorllewin, megis Unol Daleithiau America neu wledydd Ewrop. Gall moesoldeb rhywiol y cyhoedd mewn gwlad faterol, seciwlar, ôl-grefyddol megis Prydain fod yn dra gwahanol i foesoldeb rhywiol mewn cymdeithas fwy traddodiadol, a gall yr agweddau Cristnogol amrywio o ganlyniad.

Bydd hyn yn fwyaf amlwg ymhlith traddodiadau Protestannaidd ond gall nodweddu'r Eglwys Gatholig Rufeinig hefyd. Roedd diwinyddiaeth rhyddhad a bwysleisiai ymateb radical i anghyfiawnder tuag at y tlodion yn America Ladin yn enghraifft o foesoldeb cymdeithasol a ddatblygodd oddi mewn i'r eglwysi Protestannaidd a phabyddol na chafodd dderbyniad

---

2   Gweler Pope, Robert, *Building Jerusalem*, Gwasg Prifysgol Cymru, 1998 a *Seeking God's Kingdom*, Gwasg Prifysgol Cymru, 1999

cyffredinol bob amser mewn gwledydd eraill nac ymhlith arweinwyr eglwysig.

Yn yr un modd, gall safbwyntiau moesol amrywio o enwad i enwad ymhlith Protestaniaid. Er enghraifft, fel y gwelir, gall un enwad goleddu'r athrawiaeth draddodiadol o 'ryfel cyfiawn' tra bod enwad arall, efallai yn yr un wlad, yn coleddu safbwynt heddychol neu basiffistaidd sy'n ymwrthod â phob rhyfel ym mhob sefyllfa.

Y mae Nigel Bygar[3] yn dehongli Moeseg Brotestannaidd o dan y penawdau canlynol sydd wedi eu gwreiddio yng ngwaith diwinyddion arbennig:

- Diwedd caswistiaeth, hynny yw, y defnydd o reswm wrth lunio barn foesol, yn unol â thraddodiad Acwin;
- Pwysleisio rheswm, fel presenoldeb yr Ysbryd mewn hanes, yn unol â diwinyddiaeth Schleiermacher;
- Teyrnas Dduw yn cael ei gwireddu o fewn cymdeithas, dehongliad a arweiniodd at yr Efengyl Gymdeithasol, yn seiliedig i raddau helaeth ar ddiwinyddiaeth Ritschl;
- Ailddarganfod pechod dynol a throsgynoldeb Duw fel fframwaith moesol, yn seiliedig ar ddiwinyddiaeth Barth;
- Pwysleisio cyfraith cariad fel ffynhonnell barn foesol mewn sefyllfaoedd arbennig, ar sail moeseg sefyllfa Fletcher – gweler isod;
- Moesoldeb fel proses o ffurfio cymeriad oddi mewn i ethos yr Eglwys, yn unol â Hauerwas.

Y Mudiad Ecwmenaidd

Trwy gydol yr ugeinfed ganrif tyfodd y mudiad ecwmenaidd i fod yn ddylanwad sylweddol ym mywyd a gwaith eglwysi

---

3   Bygar, N., yn *Encyclopedia of Modern Christian Thought*, Blackwell, 1995, tud. 172 ymlaen

Cristnogol y byd. Gellir olrhain ei ddechreuadau cyfoes i gynhadledd fyd-eang yng Nghaeredin ym 1910. Prif thema'r gynhadledd honno oedd cenhadaeth ac efengylu, ond rhoddwyd pwyslais arbennig ar gydweithio ac undeb Cristnogol fel sylfaen i'r dystiolaeth Gristnogol.

O'r dechreuadau hyn sefydlwyd Mudiad Ffydd a Threfn i ystyried materion yn ymwneud â chred, patrwm eglwysig ac undeb Cristnogol, a chynhaliwyd y gynhadledd Ffydd a Threfn gyntaf yn Lausanne ym 1927. Yn ystod yr un cyfnod datblygodd Mudiad Bywyd a Gwaith i ganolbwyntio ar dystiolaeth Gristnogol mewn perthynas â bywyd unigolion, cymdeithas, y genedl a'r drefn ryngwladol. Cynhaliwyd y gynhadledd ryngwladol gyntaf yn Stockholm yn Sweden ym 1925 a'r ail yn Rhydychen ym 1937.

Ym 1938 cytunodd eglwysi'r byd i ffurfio Cyngor Eglwysi'r Byd i fod yn gymdeithas o eglwysi fyddai'n ceisio undeb ac yn hyrwyddo'r dystiolaeth Gristnogol. Rhwystrwyd sefydlu'r Cyngor newydd gan yr Ail Ryfel Byd ond ym 1948 cynhaliwyd y Gymanfa Gyntaf yn Amsterdam.

Rhoddwyd sylw penodol i foesoldeb cyhoeddus mewn cynhadledd fyd-eang arbennig a gynhaliwyd yng Ngenefa ym 1966, cynhadledd a gafodd sylw arbennig gan eglwysi Cymru pan ddaethant at ei gilydd am dridiau yng Nghaerfyrddin ym 1970 i ystyried sut y dylent gydweithio â'i gilydd ym maes moesoldeb a thystiolaeth gyhoeddus. Yn y cyfnod diweddar, cyhoeddodd Cytûn: Eglwysi ynghyd yng Nghymru adroddiad cynhwysfawr ar faterion moesol teuluol a chyhoeddus dan y teitl, *Cymru – Cymdeithas Foesol?*[4]

Nid dyma'r lle i fanylu ar safbwyntiau moesol y mudiad ecwmenaidd ond y mae rhai egwyddorion yn dod i'r amlwg:

---

4   Davies, N. A. a Williams, R., *Cymru: Cymdeithas Foesol? Ymateb ecwmenaidd i rai cwestiynau moesol yng Nghymru*, Cytûn, 1996

1. Y mae'r broses o ddatblygu barn foesol ecwmenaidd yn dibynnu'n sylfaenol ar ddeialog a chyd-drafod. Y mae gwrando ar ei gilydd a dysgu oddi wrth ei gilydd yn ganolog i'r eglwysi oddi mewn i'r mudiad, gan eu bod yn credu y byddant yn tyfu i farn foesol aeddfetach drwy hynny.

2. I raddau o ganlyniad i hyn, ymgais at gonsensws ydyw, ymgais i ddod i farn gytûn. Nid yw hyn yn bosibl bob amser, wrth gwrs, gan y gall anghytundeb sylfaenol fodoli rhwng yr eglwysi a'r traddodiadau oddi mewn i'r mudiad. Mewn achosion felly, rhaid cydnabod nad yw unfrydedd barn yn bosibl ac ni ellir gwneud dim ond mynegi'r gwahanol safbwyntiau sy'n bodoli a dal i ymdrechu tuag at gonsensws.

3. Y mae'r dasg hon yn anodd gan mai mudiad byd-eang ydyw. Fel y gwelwyd eisoes, mae amgylchiadau economaidd, gwleidyddol, diwylliannol a chrefyddol eglwysi mewn gwledydd gwahanol yn medru golygu y gall eu safbwyntiau ar foesoldeb personol a chyhoeddus amrywio'n fawr. Yn ystod y ganrif ddiwethaf, daeth mwy a mwy o eglwysi o wledydd y Trydydd Byd yn aelodau o Gyngor Eglwysi'r Byd, Cyngor a oedd yn orllewinol iawn ei aelodaeth yn y blynyddoedd cynnar. Y mae'n amlwg fod y newid hwn mewn aelodaeth wedi cael dylanwad allweddol ar safbwyntiau'r Cyngor ar faterion cyhoeddus, yn fwyaf arbennig.

4. Tra mae'r Eglwys Gatholig Rufeinig, er enghraifft, yn cyhoeddi datganiadau ar faterion moesol sy'n awdurdodedig, ac mewn egwyddor, o leiaf, yn rhwymo'r

aelodau, ni all datganiadau ecwmenaidd (yn rhyngwladol neu'n genedlaethol) fod yn awdurdodol yn y modd hwn. Fe'u cynigir i'r eglwysi fel arweiniad a chanllaw ac nid fel rheol foesol ag awdurdod *magisterium* ecwmenaidd. O bryd i'w gilydd cafodd hyn ei gamddeall – nid lleiaf gan yr Eglwys Gatholig – a bu cryn amheuaeth ynglŷn â lle'r datganiadau ecwmenaidd hyn ym mywyd yr eglwysi. Er hynny, cawsant ddylanwad enfawr ar foesoldeb Cristnogol yng Nghymru ac mewn gwledydd eraill ar draws y byd, a bydd yn rhaid inni o bryd i'w gilydd ystyried rhai o'r datganiadau hyn wrth inni drafod pynciau moesol arbennig.

Os ydym i ddeall ac ystyried y traddodiad Cristnogol mewn moesoldeb, bydd yn rhaid inni roi sylw i ddysgeidiaeth foesol Gatholig, i holl amrywiaeth y traddodiad Protestannaidd ac i'r broses ecwmenaidd yn fyd-eang a chenedlaethol. Ond, fel y gwelsom, y mae un elfen yn sylfaenol a chreiddiol i'r holl draddodiadau hyn ac at honno y mae'n rhaid inni ddychwelyd yn awr.

III. Y BEIBL A MOESEG GRISTNOGOL

Gwelsom eisoes fod y Beibl yn ffynhonnell sylfaenol, os nad yn unig ffynhonnell, egwyddorion a dysgeidiaeth foesol i Gristnogion. Mewn cyfrol fechan fel hon, nid yw'n bosibl manylu'n llawn ar ddysgeidiaeth foesol yr Hen Destament a'r Testament Newydd. Ni wnawn fwy na chyfeirio'n gyffredinol at rai o'r prif adrannau moesol yn y Beibl, ystyried perthynas rhai o'r adrannau hyn â'i gilydd ac ystyried eto, yng ngoleuni hyn, pa awdurdod sydd gan y Beibl mewn materion moesol.

A. YR HEN DESTAMENT

Arferai George B. Caird bwysleisio tair agwedd neilltuol ar egwyddorion moesol yr Hen Destament:[5]

(a) Gwelai yn y Pum Llyfr (Pentateuch) egwyddorion moesol a gasglwyd at ei gilydd gan arweinwyr cenedl Israel yn y cyfnod yn dilyn y gaethglud ym Mabilon (sef, diwedd y chweched ganrif a dechrau'r bumed ganrif cyn Crist). Lluniwyd y casgliad hwn o amrywiol ffynonellau y cyfeirir atynt yn arferol fel J (y ffynhonnell Iahwistaidd), E (y ffynhonnell Eloistaidd), P (y ffynhonnell Offeiriadol) a D (y ffynhonnell Ddeuteronomaidd). (Erbyn hyn, ysywaeth, y mae cryn sgeptigiaeth ymhlith ysgolheigion yr Hen Destament am y dadansoddiad hwn o darddiadau'r Pum Llyfr.) Mewn cyfnod pan oedd sylfeini'r genedl – yn fwyaf arbennig yn y cyfamod rhwng Duw a'i bobl – wedi eu chwalu gan y gaethglud, a llawer o'r sefydliadau a oedd yn sail i'r gymdeithas wedi/yn dadfeilio, gwelwyd y corff cyfreithiol a gasglwyd yn y Pum Llyfr fel ymgais i adfer hunaniaeth a ffydd mewn byd yn dilyn y chwalfa. Gosodwyd y casgliadau hyn yng nghyd-destun hanesyddol yr Ecsodus o'r Aifft i Ganaan, o gaethwasanaeth i wlad yr addewid, er mwyn atgoffa'r genedl mewn cyfnod newydd a thra gwahanol fod y Duw a'i harweiniodd gynt drwy'r anialwch yn ffyddlon i'w gyfamod â hi ac mai cyfraith Duw'r cyfamod a welir yn y llyfrau hyn a oedd i fod yn sylfaen i'w bywyd newydd wedi'r gaethglud. 'Y mae codau cyfreithiol y Pum Llyfr yn ceisio cyflwyno sail a fframwaith moesol o'r newydd i Bobl y Cyfamod.'

---

5 Mewn darlithoedd y bu'r awdur yn eu mynychu yng Ngholeg Mansfield, Rhydychen, yn y cyfnod 1965–8.

Elfen ganolog yn y codau hyn yw'r Deg Gorchymyn (y Dengair Deddf). Dyma un o gonglfeini cyfraith Israel. Bydd angen inni edrych yn fanylach ar eu harwyddocâd yng nghyd-destun gwreiddiol Israel ei hun, eu perthynas â dysgeidiaeth foesol Iesu a'u perthnasedd fel sail foesol ar gyfer ein cymdeithas gyfoes.

(b) Rhoddai bwyslais arbennig ar benodau cyntaf Llyfr Genesis, sef, naratif y creu a'r cwymp, fel ymgais i ddatgan fod gan Dduw bwrpas mawr ar gyfer y ddynolryw a grëwyd ar ei lun a'i ddelw ei hun (Genesis 1:26). Rhoddai delw Duw ar y ddynolryw weledigaeth uchel ac unigryw o le'r ddynolryw ym mhatrwm y cread ac ym mwriadau Duw. Byddai adrannau eraill o'r Ysgrythur, megis Salm 8 yn yr Ysgrythurau Hebreig a Hebreaid 2 yn y Testament Newydd, yn adeiladu ar y ddirnadaeth aruchel hon o'r natur ddynol.

(c) Pwysleisiai'r neges am gyfiawnder a gyhoeddwyd yn eofn a chadarn gan y proffwydi, yn fwyaf arbennig broffwydi'r wythfed ganrif megis Amos, Hosea, Micha ac Eseia. Roedd Duw â'i fryd ar gyfiawnder i'r holl bobloedd ond roedd ganddo ddisgwyliadau arbennig oddi wrth ei bobl ei hun, Pobl y Cyfamod. Roedd yn gofyn am y safon uchaf o gyfiawnder oddi wrthynt hwy. Yn wir, barnwyd ymlyniad y genedl i'r cyfamod gan y proffwydi hyn nid yn gymaint yn ôl eu teyrngarwch i'r cwlt ond yn ôl eu hymddygiad fel unigolion a chymdeithas tuag at y tlodion (e.e. Amos 5:10–15 ac 8:4–10).

Mewn erthygl gynhwysfawr yn *The Lutterworth Dictionary of the Bible* y mae Douglas Knight yn honni mai: [6]

> Duw cyfiawn, ffyddlon a thosturiol yw Duw'r Hen Destament sy'n gofyn gan ei bobl batrwm bywyd sy'n adlewyrchu'r un gwerthoedd moesol ... Yn Nuw yn unig y mae awdurdod moesol yn tarddu ... Moesoldeb yw gweithredu mewn cytgord â'r drefn a fwriadwyd gan Dduw ar gyfer byd a fyddai'n lle o drefn a chynghanedd.

Y mae'n mynd ymlaen wedyn i ddosrannu moeseg yr Hen Destament o dan chwe phennawd, sef: moeseg bersonol, moeseg gymdeithasol, moeseg gyfreithiol, moeseg wleidyddol, moeseg economaidd a moeseg amgylcheddol.

Ar ddiwedd yr erthygl werthfawr hon (ac awgrymir bod darllenwyr yn rhoi sylw arbennig iddi am ymdriniaeth lawnach o foeseg yr Hen Destament nag sy'n ymarferol yn y bennod hon), daw i dri chasgliad pwysig. Yn gyntaf, y mae'r Beibl Hebreig yn cadarnhau bod bywyd yn y byd hwn yn sylfaenol ddaionus. Yn ail, pwysleisir cymuned fel fframwaith y bywyd moesol. Yn olaf, y mae Duw'n hawlio cyfiawnder a thrugaredd ym mhob sefyllfa.

Er ei bod yn amlwg fod yr Israeliaid, yng nghyfnod yr Hen Destament, wedi syrthio'n fyr o'r delfrydau hyn yn fynych, ni ellir gwadu'r dylanwad anfesuradwy a gafodd y moesoldeb hwn ar hanes Iddewig–Gristnogol byth wedyn:

> O bryd i'w gilydd fe'i gwyrwyd i gyfiawnhau mynegiant newydd o anghyfiawnder a thrais, ond fe'i cymhwyswyd yn ogystal mewn modd cyfoethog i greu canllawiau ar gyfer adeiladu cyd-berthynas garedig a chyfrifol rhwng pobl a'i gilydd ac â byd natur.[7]

---

6   Knight, Douglas, yn *The Lutterworth Dictionary of the Bible*, Lutterworth, Caergrawnt, 1997 tud. 267 ymlaen

7   ibid., tud. 269

Beth yw cyfraniad y Deg Gorchymyn at y moesoldeb hwn?

Prin y mae angen ein hatgoffa fod moesoldeb yr Hen Destament – fel yr awgrymwyd eisoes – yn llawer ehangach na'r Deg Gorchymyn. Y maent, fodd bynnag, yn crynhoi mewn modd unigryw ofynion ffydd Israel yn Nuw ac yn cynnig fframwaith a sylfaen ar gyfer holl gyfraith Israel. Ac er nad yw'r gorchmynion amrywiol hyn yn unigryw yn yr hen fyd, y mae'r casgliad ei hun yn unigryw fel mynegiant o hawl foesol ac absoliwt Un Duw Israel sy'n gofyn am ufudd-dod di-sigl gan unigolion a chenedl.

Y mae amrywiaeth barn ymhlith ysgolheigion ynglŷn â dyddiad y Deg Gorchymyn ac awgrymir dyddiadau sy'n amrywio o'r 13eg ganrif cyn Crist i'r 10fed ganrif cyn Crist. Ond credir bod eu tarddiad ym mywyd teuluol a chymunedol y genedl a'u bod wedi eu datblygu dros y blynyddoedd i'w hadrodd mewn addoliad fel crynodeb o ewyllys Duw ar gyfer ei bobl.

Gellir dosrannu'r gorchmynion yn bedair adran. Y mae'r tri gorchymyn cyntaf yn fynegiant grymus o ffydd y genedl mewn un Duw, y Duw sydd wedi creu'r byd ac wedi ffurfio pobl i fod yn bobl iddo ef ei hun mewn cyfnod o amrywiaeth crefyddol. Ar hyd hanes y genedl, fe gostiodd yn ddrud i amddiffyn y ffydd hon mewn un Duw. A bu proffwydi'r wythfed a'r chweched ganrif yn gadarn iawn yn eu condemniad o unrhyw dueddiadau mewn ffydd neu weithredoedd neu addoliad a oedd yn gwadu'r gyffes ganolog mewn un Duw. Y mae'r fonotheistiaeth hon yn unigryw yn yr hen fyd ac yn gofyn am grefydd sy'n ymwrthod yn llwyr â delwau cerfiedig o waith dwylo.

Y mae'r ddau orchymyn nesaf yn canoli'r sylw ar y ddau sefydliad allweddol ym mywyd y genedl: y sabbath a'r teulu. Y mae cadw'r seithfed dydd fel sabbath i'r Arglwydd yn coffáu gweithred Duw yn y creu pan orffwysodd o'i holl lafur ar y seithfed dydd. A dyma gyfuno ffydd yr Iddew yn y Duw sy'n grëwr y bydysawd â'r Duw a wnaeth gyfamod â'i bobl ac sy'n disgwyl iddynt adlewyrchu ym mhatrwm eu bywyd fel unigolion a chenedl batrwm gweithredu a gorffwyso'r Duw a'u lluniodd. Yn yr un modd, y mae'r gorchymyn i anrhydeddu tad a mam yn tanlinellu pwysigrwydd y teulu ym moesoldeb y Beibl, ac nid y teulu bach, niwclear ond y teulu ehangach, sy'n hawlio'n gofal a'n hanrhydedd.

Y mae'r ddau orchymyn nesaf, sy'n gwahardd llofruddio a godineb, wedi eu gweld fel dau o brif gonglfeini cymdeithas. Rhodd Duw y Crëwr yw bywyd ac felly rhaid ei anrhydeddu, ac nid oes gan neb hawl i ddwyn bywyd person arall. Yn yr un modd, y mae priodas yn gysegredig, yn gonglfaen cymdeithas, ac y mae unrhyw weithred sy'n bygwth perthynas unigryw priodas i'w chondemnio a'i gwrthod.

Y mae'n ddiddorol nodi fod Iesu wedi rhoi sylw arbennig i'r ddau orchymyn hyn yn y Bregeth ar y Mynydd gan eu dwysáu (a thrwy hynny, eu gwneud yn llawer anos ufuddhau iddynt) drwy eu diffinio yn nhermau emosiwn ac agwedd, ac nid yn unig yn nhermau gweithred.

Y mae gweddill y gorchmynion yn canolbwyntio ar ofynion cymdeithasol sylfaenol y cyfamod ac yn ceisio gwarantu hawliau creiddiol pobl ac eiddo yn ddiwahân yn y gymdeithas Iddewig.

Beth yw lle'r gorchmynion hyn ym mywyd Israel?

Y mae'n amlwg nad cyfraith foesol yn ei holl fanylder ydynt. Yn wir dadleuodd Gerhard von Rad nad oedd Israel yn deall y Dengair Deddf fel cyfraith foesol absoliwt sy'n gofyn am ufudd-dod foesol fel y cyfryw ond fel datguddiad gan Dduw ar foment arbennig yn ei hanes a oedd yn cynnig i'r genedl rodd waredigol bywyd.[8] Mynnai'r gorchmynion hyn fod y genedl yn gweithio allan ym mhob cyfnod a sefyllfa beth oedd goblygiadau ufudd-dod. Yn yr ystyr hon y mae'r Deg Gorchymyn yn galw am ufudd-dod llwyr ac y mae rhyddid Israel yn cael ei ddiffinio gan y fframwaith hwn o egwyddorion moesol a ddatguddiwyd iddi gan Dduw.

B. Y TESTAMENT NEWYDD

Yn yr un modd gellir awgrymu nifer o nodweddion sylfaenol yn nysgeidiaeth foesol y Testament Newydd:

(a) Moeseg gras sydd yma ac nid moeseg cyfraith. Hynny yw, cynnyrch a chanlyniad yr hyn y mae Duw wedi ei wneud i'n gwaredu, ein rhyddhau a'n cyfiawnhau ym mywyd, marwolaeth ac atgyfodiad Iesu yw ymddygiad sy'n unol ag ewyllys Duw ac nid amod ein gwaredigaeth. Gelwir ni i ymddwyn yn unol ag ewyllys Duw am ei fod eisoes wedi ein rhyddhau. Dyma yw ystyr gras. Canlyniad yr Efengyl yw byw yn dda. Nid yw hynny'n golygu, yn naturiol, nad oes cyfraith foesol Gristnogol. Yn wir, y mae llawer iawn o'r Testament Newydd wedi ei neilltuo i faterion moesol ac y mae cyfraith Crist yn rhwymo Cristnogion. Y mae hyn yn nodweddiadol iawn o waith Paul yr Apostol. Drosodd a thro y mae'n cyflwyno'i ddysgeidiaeth foesol gyda geiriau fel, 'gan hynny', 'felly'.[9] Gan fod Duw wedi ein gwaredu yng Nghrist y mae cyfrifoldeb arnom i ddilyn cyfraith Crist. Cynnyrch bywyd wedi ei adnewyddu a'i drawsnewid yw'r bywyd da.

---

8   Von Rad, G., *Old Testament Theology*, I, Oliver and Boyd, 1962, tud. 190 ymlaen

9   Gw., er enghraifft, Rhufeiniaid 12:1; Colosiaid 3:1,5 a 12.

b) Y mae'n gyfraith neilltuol a phenodol ar gyfer sefyllfaoedd neilltuol a phenodol. Un enghraifft o hyn yw ymdriniaeth Paul o agwedd Cristion tuag at y wladwriaeth Rufeinig yn Rhufeiniaid 13:1 ymlaen:

Y mae'n rhaid i bob un ymostwng i'r awdurdodau sy'n ben. Oherwydd ... y mae'r awdurdodau sydd ohoni wedi eu sefydlu gan Dduw. Am hynny, y mae'r sawl sy'n gwrthsefyll y fath awdurdod yn gwrthwynebu sefydliad sydd o Dduw.

A ydyw'r agwedd foesol hon wedi ei bwriadu ar gyfer pob sefyllfa a chyfnod neu ar gyfer Cristnogion Rhufain yng nghanol y ganrif gyntaf yn y cyfnod Cristnogol? A ydyw'r adran hon yn galw Cristnogion ym mhob cyfnod i ymwrthod â phrotest yn erbyn llywodraeth, p'un a ydyw'r llywodraeth honno'n gweithredu'n gyfiawn neu'n anghyfiawn, p'un a ydyw'n parchu hawliau dynol ai peidio?

Safodd miloedd ar filoedd o Gristnogion yn yr ugeinfed ganrif a chyn hynny yn erbyn llywodraethau anghyfiawn, a hynny yn enw Crist a'i gyfiawnder, a chael eu poenydio, eu dienyddio a'u llofruddio o ganlyniad. Y mae'n anodd peidio â meddwl nad oedd eu tystiolaeth gadarn a chostus yn tarddu'n sicr o gyfraith Crist. Yr anhawster gydag agwedd fel hon, wrth gwrs, yw: sut y mae penderfynu pa ddysgeidiaeth foesol sy'n oesol ac ar gyfer pob cyfnod a pha ddysgeidiaeth sy'n benodol a neilltuol?

Efallai mai'r unig ateb yw mynnu bod yn rhaid i Gristnogion bwyso a mesur yn ofalus cyn dod i farn foesol. Weithiau byddwn yn dod i benderfyniad sy'n gyson â chyfraith, bryd arall byddwn yn methu. Ond yr alwad arnom bob amser yw ceisio ewyllys Crist a bod yn ufudd i gyfraith ei gariad a'i gyfiawnder ef.

(c) Y mae dysgeidiaeth foesol Iesu yn ymddangos yn anymarferol. Onid yw y tu hwnt i'n cyrraedd? Un o gyfraniadau'r Rabiniaid oedd ceisio esbonio a dehongli manylion gofynion y ddeddf Iddewig er mwyn ei gwneud yn ymarferol ac o fewn cyrraedd pobl gyffredin. Amcan Iesu, fodd bynnag, yw cynnig egwyddorion a delfrydau ar gyfer ymddygiad a bywyd sy'n seiliedig ar ei weledigaeth a'i ddealltwriaeth o deyrnas Dduw. Moeseg sydd, felly, wedi ei gwreiddio mewn 'cariad'. Nod i anelu ato ydyw, nod y byddwn o hyd yn syrthio'n fyr ohono.

Nid yw hynny'n gwneud cyfraith Crist yn ddiwerth mewn unrhyw fodd. Yn wir, y mae gosod nod mor aruchel ger ein bron yn gosod cyfrifoldeb mawr arnom i weithio allan ar gyfer bywyd unigolion, cymunedau a chenhedloedd ofynion deddf cariad Crist mewn cyfnod a sefyllfa arbennig. Nid gwerslyfrau moesol yw'r Efengylau ond gweledigaeth o Deyrnas Dduw sy'n ein herio i ddarganfod drosom ein hunain beth y mae byw o dan awdurdod Gair Duw yn ei olygu.

Y Bregeth ar y Mynydd

Un o binaclau dysgeidiaeth foesol y Testament Newydd yw'r Bregeth ar y Mynydd (fel y'i gelwir) yn Efengyl Mathew, penodau 5–7. (Y mae rhannau helaeth o'r penodau hyn yn ymddangos hefyd yn Efengyl Luc, yn fwyaf arbennig, ym mhenodau 6, 11 a 12.) Ni ellir cyflwyno ymdriniaeth fanwl o'r Bregeth yn y fan hon, er y byddwn yn cyfeirio at adrannau ohoni o bryd i'w gilydd wrth drafod pynciau moesol penodol. Rhaid bodloni yma ar rai sylwadau cyffredinol.

Y mae perthynas agos rhwng y Bregeth a'r Deg Gorchymyn. Awgrymodd rhai fod Mathew yn gweld Iesu fel Moses newydd, ei fod yn sôn am Iesu'n esgyn i'r mynydd i gyflwyno'r 'gyfraith newydd' hon fel yr aeth Moses i ben Sinai i dderbyn y gorchmynion gan Dduw. Yn yr ystyr hon y mae Iesu'r Meseia, y Moses newydd, yn cyflwyno i'w ddilynwyr y Torah (y gyfraith) Meseianaidd. Yn yr ystyr hon, felly, nid cynnig cyfraith newydd y mae Iesu yma. Yn hytrach gwelir bod ei eiriau'n cyflawni'r gyfraith.

Dyna brif ergyd y gwrthgyferbyniadau sydd yn y Bregeth rhwng dysgeidiaeth y gorchmynion Iddewig yn y Pentateuch a dysgeidiaeth y Bregeth ar y Mynydd (ym Mathew 5:21–48) sydd wedi ei llunio ar y ffurf, 'Clywsoch fel y dywedwyd wrth y rhai gynt ... Ond rwyf fi'n dweud wrthych ...' 'Nid dileu'r gyfraith y mae Iesu ond yn hytrach ei dwyn i'w diben terfynol ... Y mae Mathew wedi gwisgo ei Arglwydd â mantell athro cyfiawnder, fel Moses.'[10]

Bu'r Bregeth yn ddylanwadol iawn ar hyd y canrifoedd. Y mae McArthur yn ei erthygl yn *Lutterworth Dictionary of the Bible* yn crynhoi chwe agwedd tuag at y Bregeth (gweler yr erthygl am ymdriniaeth lawn o'r safbwyntiau hyn):

- yr agwedd absoliwt, sef fod y Bregeth yn mynnu'r safonau uchaf posibl o ufudd-dod i'w gofynion radical;
- arddull gormodiaith sydd yn y Bregeth, hynny yw, fod Iesu yn defnyddio gormodiaith ac yn gorliwio er mwyn pwysleisio neu danlinellu pwynt a chymell ymrwymiad, ac na ddylid derbyn gofynion y Bregeth yn llythrennol;
- egwyddorion cyffredinol sydd yn y Bregeth y gellir eu cymhwyso yn y sefyllfa gyfoes;
- moesoldeb mewnol sydd yn y Bregeth ac nid gorchmynion i ufuddhau iddynt, hynny yw, mater o agwedd ydyw ac nid mater o ufudd-dod llwyr;

---

10 Davies, W. D., *The Setting of the Sermon on the Mount*, Caergrawnt, 1964, tud. 99 ymlaen

- nod amhosibl yw'r Bregeth a'i bwriad yw arwain disgyblion i edifeirwch;
- y mae'r Bregeth yn fynegiant o hawl ddiamod Duw ar yr unigolyn. Siarter ymddygiad disgyblion sydd yma.

Gwelodd rhai ynddi ddysgeidiaeth foesol a oedd wedi ei bwriadu ar gyfer Cristnogion ac nid ar gyfer cymdeithas yn gyffredinol (gan fod Mathew yn cyflwyno'r Bregeth drwy sôn am Iesu yn annerch a dysgu'r disgyblion yn hytrach na'r tyrfaoedd a oedd o'i amgylch). Mae eraill wedi gwrthwynebu'r safbwynt hwn gan fynnu nad yw Iesu'n hawlio un safon oddi wrth ei ddisgyblion a'i ddilynwyr a safon arall oddi wrth y gymdeithas o'u hamgylch. Y mae disgyblion Crist a'r gymdeithas o'u cylch yn perthyn i'w gilydd ac y mae moeseg radical Crist yn herio'r naill fel y llall.

Y mae llawer iawn o'r dehongliadau'n awgrymu ymdrechion i geisio osgoi her radical y Bregeth i Gristnogion a goblygiadau'r her honno wrth i Gristnogion geisio trawsffurfio cymdeithas ar batrwm gofynion Teyrnas Dduw. Y radicaliaeth hon yw calon y Bregeth ac y mae unrhyw ymdrech i leihau ei her yn annerbyniol fel dehongliad dilys.

Beth yw nodweddion radicaliaeth y Bregeth ar y Mynydd?

Y mae W. D. Davies, un o brif awdurdodau ein cyfnod ni ar y Bregeth ar y Mynydd, yn dadlau nad newydd-deb yw hanfod radicaliaeth dysgeidiaeth Iesu ond ei bod yn dwyn i'w chyflawniad perffaith – a hynny mewn modd nas gwelwyd erioed o'r blaen – ofynion hanfodol gorchymyn a deddf 'yr hen gyfamod' a wnaeth Duw â'i bobl, Israel: 'Iesu yw'r Meseia, Mab y Dyn, Emanwel, sydd wedi cymryd arno'i hun swyddogaeth Moses ... Y mae'r Bregeth ar y Mynydd felly'n amwys: y mae'n awgrymu cyfraith Moses newydd a hefyd yn air awdurdodedig yr Arglwydd, y Meseia.'[11] Y mae'n dyfynnu Daube: 'It is revolution of a fuller meaning (of the Law) for a new age.' Ond daw i'r casgliad sicr 'mai "cyfraith" Iesu yw'r Bregeth ar y Mynydd, cyfraith yr Arglwydd, y Meseia.'[12]

Felly, y mae'n dod i'r casgliad mai dyma'r crynhoad gorau o ddysgeidiaeth foesol Iesu ac ynddi y mae'n radicaleiddio gofynion cariad.[13]

Beth oedd cyfrinach gofynion radical Iesu? Ateb W. D. Davies yw i Iesu fynd 'y tu hwnt i gyfraith a phroffwyd a dod i ymwybyddiaeth o ewyllys Duw yn ei holl noethni a hynny yn nhermau Teyrnas Dduw: yr elfen nodweddiadol o'i ddysgeidiaeth a'i weithgarwch oedd ei ymwybyddiaeth fod y Deyrnas ar waith yn ei weinidogaeth ef ... Cawn ein gyrru yn ôl o hyd y tu hwnt i'r Ysgrythur i ewyllys absoliwt Duw wedi ei datguddio i Berson ac mewn Person ... Ef ei hun yw tarddiad y foeseg radical. Y mae ei eiriau, felly, yn pwyntio y tu hwnt iddynt eu hunain ato ef, eu tarddiad.'[14]

Ar ddiwedd ei astudiaeth feistrolgar, daw i'r casgliad:

Y mae'r Bregeth ar y Mynydd yn ei chyd-destun yn pontio rhwng Gras a Chyfraith. Y mae ei hagoriad yn y Gwynfydau yn cydnabod angen diderfyn y ddynolryw am ras; y mae ei gofynion absoliwt yn cydnabod posibiliadau moesol diderfyn y ddynolryw, ei mawredd ... Fe'n gosodir gerbron y Farn Derfynol – wyneb yn wyneb â chysur diderfyn a gofynion diderfyn Crist.[15]

---

11 ibid., tud. 25
12 ibid., tud. 108
13 ibid., tud. 425 ymlaen
14 ibid., tud. 432 ymlaen
15 ibid., tud. 440

Gallwn osod ochr yn ochr â'r dehongliad hwn o ddysgeidiaeth foesol Iesu ymdriniaeth heriol R. John Elford.[16] Mewn cyfnod sy'n cael ei nodweddu ar y naill law gan ymgais gynyddol gan grefyddwyr i ddod o hyd i sicrwydd (ymgais y mae'r cynnydd mewn ffwndamentaliaeth yn arwydd ohono) ac ar y llall gan ôl-foderniaeth sy'n honni nad oes sicrwydd terfynol am ddim, y mae Elford yn dadlau bod y Beibl yn cynnig adnoddau i fyw gydag ansicrwydd:

> Y mae ymdrechion i ymateb i ansicrwydd moesol yn y cyfnod cyfoes drwy gynnig sicrwydd sy'n tarddu yn y traddodiad Cristnogol ... yn golygu ein bod yn talu pris rhy uchel am eu bod yn gofyn inni aberthu gormod o'n dealltwriaeth gyfoes am y byd fel y mae heddiw ac yn ein gadael â mwy o gwestiynau nag y maent yn honni eu hateb.
>
> Ond gall y traddodiad Cristnogol ein cynorthwyo gan ei fod yn ein galluogi i fyw gydag ansicrwydd, heb wadu ei fodolaeth nac esgus y gallwn ymateb i ansicrwydd ein cymdeithas drwy gynnig sicrwydd.[17]

Y mae'n mynd ymlaen wedyn i grynhoi rhai o'r themâu moesol sy'n ganolog i'r dystiolaeth Feiblaidd.[18] Yn eu plith y mae'r canlynol:

- Y mae'r hyn ydym a'r hyn a wnawn yn gorfod mynd law yn llaw. (*'True piety and true morality are one and the same thing'*).
- Roedd Iesu'n ymwrthod yn ddiamod â thalu drwg am ddrwg.

---

16 Elford, R. J., *The Ethics of Uncertainty*, One World, Rhydychen, 2000

17 ibid., tud. 69 ymlaen

18 ibid., tud. 104 ymlaen

- Nid oes terfyn ar faddeuant. (*'Individual Christians have no authority to draw lines. Only God can draw lines.'*)
- Gelwir Cristnogion i brotestio yn erbyn y sefydliad. (*'We need to be clear about just how radical, consistent and purposeful Jesus' anti-establishmentarianism in morality actually was.'*)
- Cawn ein galw i chwilio am atebion newydd mewn sefyllfaoedd newydd. (*'New Testament morality is dynamic not static, open rather than closed, to new developments.'*)
- Rhaid inni ymwadu â ni ein hunain ond hefyd barchu ein hunain.

Daw Elford i'r casgliad nad yw awduron y Testament Newydd:

yn derbyn, fel y mae llawer Cristion yn mynnu, ei fod yn cynnwys yr holl atebion i'r holl broblemau moesol ym mhob oes ... Y mae ynddo ddigon o ystwythder i ddod i delerau â moderniaeth a newydd-deb ... Y foeseg orau yw honno sy'n greadigol ac ystwyth yn y modd y mae'n cyflawni ei hamcanion.[19]

Os derbyniwn gasgliadau'r ysgolheigion hyn – fel y gwna'r awdur presennol – rhaid inni fynnu bod gan y Beibl le hollol ganolog o hyd yn y dasg o ddarganfod atebion i gwestiynau moesol dirdynnol yr unfed ganrif ar hugain. Ond nid yw'n werslyfr awdurdodol lle y gallwn gael atebion parod i broblemau cyfoes. Yn hytrach, cawn ynddo stori'r Duw a roddodd yr egni byw yn nechreuadau'r bydysawd, sy'n dal i'w gynnal a'i gyfeirio yn unol â'i amcanion, ac a wnaeth gyfamod â'i bobl, cyfamod a oedd yn addewid yn ogystal â her foesol. Y Duw hwn a ddanfonodd ei Fab, yn Feseia, yn Foses Newydd, sy'n cynnig inni foeseg radical sy'n tarddu ym mherson Iesu ac yn ei Deyrnas.

---

19 ibid., tud. 112

Os felly, nid yw 'darllen' y Beibl hwn bob amser yn hawdd. Yn un peth, y mae adrannau ynddo sy'n gwrth-ddweud adrannau eraill a chyfarwyddiadau moesol sy'n gwbl groes i gyfarwyddiadau eraill. Gall anghysonderau llenyddol y Beibl danseilio'i awdurdod ym meddwl rhai. Yn ei lyfr, *The Immoral Bible*, y mae Eryl Wyn Davies yn wynebu'r cymhlethdod hwn mewn perthynas, yn fwyaf arbennig, â'r hyn a ddywedir yn y Beibl am ryfel a thrais. Daw i'r casgliad y gallai 'beirniadaeth sy'n seiliedig ar ymateb y darllenydd' *(reader-critical response)* gyfoethogi ein dirnadaeth o'r datguddiad Beiblaidd: 'Y mae'r strategaeth hon yn ein gwahodd i ymroi i ddeialog parhaol â'r dyfarniadau moesol sydd [yn yr Ysgrythur] ac, yn y broses, gallem ddarganfod bod syniadau a fu'n ddaliadau dyfnion gennym dros gyfnod hir yn cael eu cwestiynu neu eu haddasu.'[20] Y mae'n dyfynnu Schüssler Fiorenza, sy'n honni bod 'y Beibl "yn gwahodd trawsnewidiadau" ac os ydym yn darllen y testun Beiblaidd mewn ysbryd o ostyngeiddrwydd a chyda meddwl agored, efallai y cawn ein hunain yn cael ein newid yn y broses.'[21]

O'i ddarllen, felly, yn yr ysbryd hwn, cawn yn y Beibl Air Duw sy'n ein darllen ni, ac sy'n cynnig inni egwyddorion moesol heriol a radical sy'n adlewyrchu galwad Duw am ufudd-dod absoliwt ac ystwythder sy'n ein galluogi i ofyn y cwestiynau radical am ein bywydau a'n cymdeithas gyfoes a chynnig atebion sy'n anelu at fod yn fynegiant o ewyllys Duw ar gyfer cyfnod a chyflwr arbennig. Yn yr ystyr hon y mae'r Beibl yn awdurdod moesol – nid am ei fod yn cynnig yr atebion awdurdodol i bob oes a sefyllfa ond am ei fod yn mynegi ewyllys Duw, yn ein galw

---

20 Davies, E. W., *The Immoral Bible: Approaches to Biblical Ethics*, T & T Clark, 2010, tud. 138

21 Schüssler Fiorenza, 'The will to choose or reject: continuing our critical work', yn Russell, L. M., (gol.), *Feminist Interpretation of the Bible*, Gwasg Westminster, Philadelphia, 1985, tud. 135

i ufudd-dod llwyr ac yn cynnig inni adnoddau ffydd i'n galluogi i ddarganfod beth y mae'n ei olygu i ufuddhau i ewyllys Duw heddiw, yma.

O bryd i'w gilydd yn y penodau sy'n dilyn, byddwn yn gofyn beth sydd gan y Beibl i'w gynnig mewn perthynas â rhai o gwestiynau moesol mwyaf dwys ein dydd, ond yn y cyfamser rhaid inni adolygu rhai o'r egwyddorion athronyddol sydd wedi'u defnyddio ar hyd y canrifoedd i geisio gosod sylfaen foesol a datrys problemau moesol.

Damcaniaethau Moesol: a oes iddynt werth Cristnogol?

Y MAE DWY egwyddor foesol sy'n cynrychioli dau begwn y meddwl moesol Cristnogol cyfoes. Y mae'r naill, sef y ddeddf naturiol, yn anelu at gynnig seiliau clir a chadarn y gellir eu defnyddio a'u cymhwyso ym mhob cyfnod ac amgylchiadau. Y mae'r llall, sef moeseg sefyllfa, yn cynnig fframwaith perthynol (*relativistic*) nad yw'n anelu at gynnig arweiniad moesol awdurdodedig a chyffredinol ond yn hytrach arweiniad ar y modd gorau o ddod i benderfyniadau moesol penodol mewn amgylchiadau arbennig, penderfyniadau a fydd, efallai, yn unigryw i'r sefyllfa arbennig hon. Ceir llawer o ymdrechion i roi mynegiant i'r meddwl moesol Cristnogol sy'n syrthio, fel y gwelwn yn y gyfrol hon, rywle yn y tir canol rhwng y ddau begwn hwn, ond drwy roi ystyriaeth lawnach i'r ddwy egwyddor hon gallwn ddirnad, i raddau helaeth, lle mae ffiniau ehangaf y meddylfryd Cristnogol yn gorwedd.

A. DEDDF NATURIOL

Gellir olrhain seiliau'r ddeddf naturiol yn ôl at Aristotlys (384–322 CC) a'r Stoiciaid (o'r drydedd ganrif cyn Crist tan yr ail ganrif oed Crist):

- gan fod i bopeth amcan neu bwrpas,
- gan fod i'r byd naturiol gynllun, ac
- mai cyflawni'r cynllun hwn yw'r 'daioni' uchaf,

gellir defnyddio rheswm er mwyn dod o hyd i'r egwyddorion moesol hynny sy'n gynhenid yn y byd naturiol y dylid eu dilyn er mwyn cyflawni'r 'daioni' moesol uchaf.

Tomos Acwin (1225–74), offeiriad a diwinydd Catholig, a fu'n bennaf cyfrifol am addasu'r athroniaeth seciwlar hon i fod yn sail ar gyfer moeseg Gristnogol. Credai y gellid cynnig sail resymegol i foeseg Gristnogol drwy'r 'gyfraith naturiol' hon. Felly, nid oedd moeseg o angenrheidrwydd yn dibynnu ar ddatguddiad gan Dduw – trwy'r Beibl neu'r Eglwys, er enghraifft. Gellid dirnad yr hyn sy'n foesol dda heb gyfeirio at y rhain o gwbl. Byth oddi ar hynny y 'ddeddf naturiol' sydd wedi tra-arglwyddiaethu dros foeseg Gatholig ac mae wedi dylanwadu'n drwm ar draddodiadau Cristnogol eraill, gan gynnwys y traddodiad Anglicanaidd.

Y mae Mel Thompson[1] yn awgrymu'r pedair nodwedd ganlynol i Gyfraith Naturiol:

- I Tomos Acwin, sylfaen moeseg y ddeddf naturiol oedd ei gred grefyddol fod Duw wedi creu'r byd, ei fod wedi sefydlu ynddo drefn a phatrwm a phwrpas sy'n adlewyrchu ewyllys Duw.
- Os yw popeth wedi ei greu i bwrpas, gall rheswm dynol, wrth ystyried y pwrpas hwnnw, farnu sut y mae gweithredu er mwyn cydymffurfio â'r pwrpas hwnnw.
- Mewn deddf naturiol nid yw gweithred yn dibynnu am ei chyfiawnhad moesol ar unrhyw ganlyniadau arbennig i'r weithred – mewn gwrthgyferbyniad ag iwtilitariaeth,

---

1   Thompson, M., *Ethical Theory,* Hodder, 1999, tud. 60

er enghraifft. Gall gweithred gael ei hystyried yn foesol dda ynddi ei hun, hyd yn oed os yw'n arwain at ddioddefaint.

- Gan fod y ddeddf naturiol yn seiliedig ar reswm yn hytrach na datguddiad, gellir ei darganfod – mewn egwyddor – gan unrhyw un, p'un a ydyw'n grefyddol ai peidio.

Y mae'r nodweddion hyn yn awgrymu nifer o gwestiynau:

Beth yw pwrpas bywyd?

Roedd ateb Aristotlys i'r cwestiwn hwn yn awgrymu:

- bod popeth y mae unigolyn neu gylch o unigolion yn ei wneud yn amcanu at ryw bwrpas neu'i gilydd, boed yn dda neu'n ddrwg. Nid ydym yn gwneud dim heb fod rhyw amcan y tu ôl iddo;
- bod amcanion 'uwchraddol' ac amcanion 'israddol'. Rydym yn cyflawni gweithred israddol er mwyn inni fedru cyflawni amcan uwchraddol. Er enghraifft, rydym yn dysgu defnyddio cyfrifiadur (gweithred israddol) er mwyn medru ysgrifennu'r gyfrol hon yn fwy effeithiol (gweithred uwchraddol);
- mai'r nod terfynol, uwchlaw pob nod arall, yw cyflawni'r 'daioni uchaf' nid yn unig i unigolion arbennig ond i gymuned o bobl neu wladwriaeth. Awgrymodd Aristotlys mai 'hapusrwydd' yw'r diffiniad gorau o'r daioni uchaf hwn: Beth yw'r uchaf o bob daioni ymarferol? ... Yn ôl pobl gyffredin a phobl ddiwylliedig, yr ateb yw "hapusrwydd";
- dylid rhoi sylw arbennig i ddaioni uchaf cymuned neu wladwriaeth uwchlaw daioni uchaf unigolyn:

Oherwydd os yw daioni cymuned yn digwydd cyfateb i ddaioni'r unigolyn, y mae'n amlwg fod cyflawni a chynnal daioni'r gymuned yn beth mwy a pherffeithiach; canys er ei bod yn ddymunol sicrhau'r hyn sy'n ddaionus yn achos unigolyn, y mae gwneud hynny yn achos poblogaeth neu wladwriaeth yn beth harddach a mwy aruchel.[2]

Ond fel diwinydd ac athronydd, roedd Tomos Acwin am goroni'r amcanion hyn drwy honni mai Duw, a greodd bob peth ac a roddodd i bopeth ei batrwm a'i bwrpas, yw'r 'daioni uchaf' i Gristion ac mai Duw, felly, yw nod a thynged pob bod dynol, hyd yn oed os nad yw pawb yn cydnabod hynny.

Credai hefyd fod pob bod dynol yn ewyllysio'r daionus gan fod pawb yn meddu ar natur ddynol – a grëwyd gan Dduw – sy'n gyffredin i bawb, natur ddynol 'ddelfrydol' y gall pob person ei gwireddu neu syrthio'n fyr ohoni. Yn naturiol, y mae ein gweithredoedd moesol yn dyngedfennol mewn perthynas â hyn. Yn wir, pechod i Acwin oedd syrthio'n fyr o'r daionus, bod yn llai nag y'n bwriadwyd i fod gan Dduw, ceisio daioni ffug yn hytrach na gwir ddaioni.

Sut y mae dirnad y daioni uchaf hwn?

Ateb Acwin (yn dilyn Aristotlys) oedd: trwy'r rheswm dynol. Y mae'r natur ddynol a roddir i fodau dynol gan Dduw yn eu galluogi i ddefnyddio'u rheswm a'u profiad i ddeall yr hyn sy'n iawn. Y bywyd moesol, felly, yw'r bywyd sy'n cael ei fyw 'yn unol â rheswm'.

Yn wir, i Acwin roedd gweithredu yn unol â rheswm yn gyfystyr â gweithredu fel Cristion gan nad oedd gweithredu yn unol â rheswm yn gwrthdaro yn erbyn ewyllys Duw a greodd y byd ac a roddodd i ddynolryw y natur ddynol ddelfrydol sy'n eiddo

2   Vardy, P., a Grolsch, P., *The Puzzle of Ethics*, Harper Collins, tud. 23

inni. Credai, felly, ei bod yn bosibl amgyffred y prif rinweddau a oedd yn sylfeini'r bywyd moesol (pwyll, hunanddisgyblaeth, dewrder a chyfiawnder, yn ôl Aristotlys) trwy reswm yn unig.

Dyma galon y ddeddf naturiol: defnyddio rheswm i ddod o hyd i'r daioni cywir y dylid anelu ato. Y mae gennym y ddawn i ddefnyddio rheswm i wneud penderfyniadau moesol bwriadus, a elwir gan Acwin yn 'weithredoedd dynol' er mwyn eu gwahaniaethu oddi wrth weithredoedd a gyflawnir gan berson ar sail greddf. 'Ond y mae'n rhaid defnyddio rheswm yn iawn: gellir defnyddio rheswm i gynllunio llofruddiaeth neu i benderfynu bod yn rhinweddol. Dim ond yn yr ail achos y mae rheswm yn cael ei ddefnyddio'n "iawn".'[3] Yr egwyddor ganolog felly yw: a ydyw'r weithred hon yn cyrchu tuag at y daioni uchaf ai peidio?

Felly, a oes lle i ddatguddiad?

Yn ôl un traddodiad Cristnogol dylanwadol, trwy ddatguddiad yn unig y gellir dirnad ewyllys a phwrpas Duw. Hynny yw, Duw sy'n cymryd y cam cyntaf trwy wneud ei ewyllys a'i bwrpas yn hysbys trwy ei Ysbryd Glân, yn Iesu Grist, yn ei Air yn y Beibl a thrwy'r Eglwys. Y mae'n hollol ddibynnol ar ras (hynny yw, rhodd rad Duw i ni) yn hytrach nag ar ein galluoedd rhesymegol ni. Ar sail hyn, gwrthodwyd y Ddeddf Naturiol (sef prif athroniaeth foesol yr Eglwys Gatholig Rufeinig o'r Canoloesoedd ymlaen) gan y diwygwyr Protestannaidd yn yr unfed ganrif ar bymtheg (megis Luther a Chalfin) gan fod y ddeddf naturiol 'yn rhoi statws moesol i ddynolryw sy'n annibynnol ar ras Duw'.[4]

Ond er ei fod yn rhoi'r lle blaenaf i reswm dynol yn y dasg o geisio'r daioni uchaf, y mae Acwin yn mynnu hefyd nad yw'r

---

3   Vardy a Grosch, *The Puzzle of Ethics*, 1999, tud. 39
4   Thompson, Mel, 1999, tud 63

ddeddf naturiol yn gwrth-ddweud datguddiad Duw. Y Duw a greodd y byd, a roddodd i ddynolryw yr un natur ddynol ddelfrydol ac a roddodd inni'r ddawn i ddefnyddio ein rheswm dynol, yw'r Duw sydd wedi datguddio'i hun.

Y mae'r ddadl hon yn parhau hyd heddiw ymhlith diwinyddion ac ysgolheigion Cristnogol. Ond nid yw'r ffiniau bellach mor eglur ag y buont. Y mae rhai Protestaniaid yn dadlau dros gyfuniad o'r ddeddf naturiol a datguddiad yn y dasg o lunio moeseg Gristnogol tra bod rhai Catholigion, megis de Lubac a von Balthazar, wedi honni bod y traddodiad Catholig yn ymwrthod â Chyfraith Naturiol sy'n annibynnol ar ras.

Sut mae cymhwyso'r ddeddf naturiol mewn achosion moesol arbennig?

Gwneir hyn drwy ddefnyddio 'caswistiaeth'. Y mae caswistiaeth yn dechrau gydag egwyddorion moesol sylfaenol y ddeddf naturiol ac yn eu cymhwyso'n rhesymegol i sefyllfaoedd unigol. Y mae tuedd i'r meddwl poblogaidd fod yn ddilornus o gaswistiaeth gan dybio y gall dadleuwr soffistigedig gyfiawnhau unrhyw weithred os yw'n ddigon cyfrwys.

Fodd bynnag, y mae traddodiad cryf o gaswistiaeth gyfrifol sy'n ceisio cymhwyso egwyddorion y ddeddf naturiol i ofynion sefyllfaoedd gwahanol. Er enghraifft, y mae'r traddodiad hwn wedi bod yn gryf iawn ymhlith moesegwyr Anglicanaidd.

Gellir cynnig nifer o enghreifftiau'n dangos sut mae'r ddeddf naturiol yn cael ei chymhwyso mewn sefyllfa arbennig, ond y mae maes rhyw yn un o'r enghreifftiau gorau ac yn ganolog i foeseg Gristnogol. Y mae'r ddadl fel a ganlyn:

1. Yn ôl y ddeddf naturiol, diben terfynol y weithred rywiol yw cenhedlu plant.

2. Y mae pob profiad arall sy'n gysylltiedig â rhyw i wasanaethu'r diben hwn, p'un a ydym yn sylweddoli hynny ai peidio.

3. Felly, yn ôl y ddeddf naturiol, y mae pob gweithred rywiol nad yw wedi ei bwriadu i genhedlu plentyn neu na fedrai arwain at genhedlu plentyn, yn anfoesol.

4. O ganlyniad, y mae atal cenhedlu, cyfunrywiaeth a hunanfoddhad rhywiol yn anfoesol gan na allant arwain at ddiben terfynol naturiol y weithred rywiol, sef cenhedlu plant.

(Byddai fersiwn traddodiadol Gristnogol o'r ddadl hon yn ychwanegu bod y ddeddf naturiol yn mynnu mai dim ond rhwng gŵr a gwraig oddi fewn i briodas y mae'r weithred rywiol yn foesol dderbyniol a bod unrhyw gyfathrach rywiol y tu allan i briodas yn anfoesol ar sail y ddeddf hon.)

Y mae cwestiynau amlwg yn codi o'r ddadl hon:

- Ar ba sail y gellir dadlau mai unig amcan 'naturiol' rhyw yw cenhedlu plant? Oni allai rhyw fod wedi ei fwriadu (a hyd yn oed wedi ei fwriadu gan Dduw) er mwyn dyfnhau'r berthynas rhwng gwryw a benyw? Onid cynnyrch datguddiad yw'r gred mai unig ddiben rhyw yw cenhedlu plant ac nid ffrwyth deddf 'naturiol'?

- Os yw'n foesol dderbyniol i ganiatáu perthynas rywiol er mwyn dyfnhau perthynas ac nid yn unig i genhedlu plant, ar ba sail y mae'n bosibl dadlau nad yw perthynas gyfunrywiol yr un mor 'naturiol' (hynny yw, yr un mor gyson ag 'anian naturiol' y ddau berson) â pherthynas rhwng gwryw a benyw?

• Ym mha fodd y mae priodas yn fframwaith 'naturiol' ar gyfer cyfathrach rywiol? A oedd priodas fel y cyfryw yn rhan o gyfraith foesol y ddynolryw gyntefig ynteu patrwm ydyw a ddatblygodd yn sgil egwyddorion moesol, cymdeithasol a chrefyddol mwy soffistigedig? Yn wir, yn y gymdeithas gyntefig y mae cryn dystiolaeth fod rhyddid rhywiol yn bodoli. Os felly, o ble y tarddodd y patrwm moesol 'naturiol' o briodas? Onid cynnyrch traddodiad neu ddiwylliant neu grefydd arbennig yw priodas fel fframwaith rhywiol ac nid deddf 'naturiol' fel y byddem ni'n deall y term hwn?

Rhai problemau sylfaenol

Y mae'r enghraifft hon wedi dangos bod problemau sylfaenol ynghlwm wrth egwyddor y ddeddf naturiol:

1. Sut mae penderfynu beth sy'n naturiol? Os defnyddir deddfau natur fel sylfaen, y mae ein dirnadaeth o'r rheini yn newid wrth inni ddeall mwy a mwy am y byd naturiol. A ydyw hynny'n golygu bod y ddeddf naturiol yn newid yn unol â'r deall dynol? Os ydyw, gallai hynny arwain at amrywiaeth mewn cyfraith foesol rhwng un diwylliant a'r llall, a rhwng cyfnodau a'i gilydd. Ac onid yw hyn yn gwrthdaro â honiad sylfaenol y ddeddf naturiol ei bod yn cynnig fframwaith moesol sy'n gyffredinol i bawb ym mhob man gan ein bod ni oll yn rhannu'r un natur ddynol ddelfrydol?

2. Os deddfau natur yw sail y ddeddf naturiol, ai'r deddfau hyn ddylai fod yn rheoli ein penderfyniadau mewn gwirionedd? Os felly, dylid gadael i natur gymryd ei chwrs heb ymyrraeth feddygol, er enghraifft, mewn achosion pan mae clefyd sy'n debygol o fod yn farwol yn taro person. Ac oni fyddai gadael i natur gymryd ei

chwrs fel hyn yn foesol ac yn feddygol annerbyniol os yw'r gallu meddygol gennym i geisio achub bywyd?

3. A ydyw cynsail y ddeddf naturiol, sef bod trefn a phatrwm a phwrpas yn y byd naturiol ac yn y natur ddynol, yn dderbyniol bellach? Y mae llawer o wyddonwyr – ffisegwyr a biolegwyr – yn dadlau mai siawns a thebygolrwydd, ac nid bwriad ac angenrheidrwydd, sy'n gyfrifol am yr adweithiau cemegol sy'n sylfaen bywyd naturiol. Honnir na ellir sôn am drefn a phwrpas bellach (ac wrth gwrs, na ellir sôn ychwaith am grëwr, os derbynnir mai prosesau damweiniol sydd y tu ôl i'r bydysawd) ac felly nad oes sail i gyfraith naturiol.

4. Gellid dadlau bod y ddeddf naturiol yn medru gwrthdaro yn erbyn moesoldeb Cristnogol neu grefyddol. Roedd Acwin yn dadlau nad yw egwyddorion cyffredinol y ddeddf naturiol yn gwrthdaro yn erbyn y foeseg Gristnogol, sy'n tarddu o ddatguddiad, mewn perthynas â chwestiynau moesol penodol, gan fod ceisio'r daioni uchaf bob amser yn cyflawni amcanion pennaf Duw ar gyfer y ddynolryw.

B. MOESEG SEFYLLFA

Datblygwyd moeseg sefyllfa gan Joseph Fletcher, diwinydd Anglicanaidd, a gyhoeddodd ei gyfrol, *Situation Ethics: The New Morality*, ym 1966. Yn sylfaenol, roedd yn ymwrthod â rheolau neu ddeddfau moesol absoliwt i'w defnyddio ym mhob amgylchiad ac â chyfraith naturiol i'w chymhwyso at sefyllfaoedd amrywiol drwy gaswistiaeth.

Dadleuodd mai un egwyddor sydd i'r foeseg Gristnogol, sef cyfraith cariad. Hawliai mai'r unig reol absoliwt oedd rheol cariad. Mewn unrhyw sefyllfa arbennig, y peth iawn i'w wneud yw'r hyn y mae cariad yn ei fynnu.

Yn ôl yr Archesgob William Temple (1881–1944): 'Nid oes

ond un ddyletswydd derfynol a digyfnewid, a'i fformiwla yw "Câr dy gymydog fel ti dy hun". Cwestiwn arall yw sut mae gwneud hyn, ond dyma'n holl ddyletswydd foesol.'

Ystyr cariad

Y mae cariad yn rhyfeddol o anodd i'w ddiffinio gan ein bod yn defnyddio'r gair mewn cynifer o ffyrdd. Gall gyfeirio at emosiwn a theimlad; gall gyfeirio at weithredu cariadus; gall fod yn gyfuniad o reswm, emosiwn a gweithred.

Sail diffiniad Fletcher o egwyddor sylfaenol cariad yw'r term Groeg *agape* a ddefnyddir yn y Testament Newydd bron yn ddieithriad i ddynodi cariad diamod Duw tuag atom ni a'r cariad ddylai fod gennym ni tuag at Dduw ac at gymydog. Ac er bod lle i gariad brawdol (*philia*) a chariad rhywiol (*eros*), cariad diamod Duw yw craidd a sylfaen y moesoldeb Cristnogol.

Un o'r disgrifiadau gorau o'r cariad hwn yw eiddo Paul yn I Corinthiaid 13:4–7:

> Y mae cariad yn amyneddgar, y mae cariad yn gymwynasgar; nid yw cariad yn cenfigennu, nid yw'n ymffrostio, nid yw'n ymchwyddo. Nid yw'n gwneud dim sy'n anweddus, nid yw'n ceisio ei ddibenion ei hun, nid yw'n gwylltio, nid yw'n cadw cyfrif o gam; nid yw'n cael llawenydd mewn anghyfiawnder, ond y mae'n cydlawenhau â'r gwirionedd. Y mae'n goddef i'r eithaf, yn credu i'r eithaf, yn dal ati i'r eithaf.

Felly, yn ôl Thompson, 'Nid emosiwn hunanfaldodus sydd wedi digwydd taro ar wrthrych allanol ydyw, ond y mae'n cydnabod bod y gwrthrych hwnnw ar wahân a bod iddo werth cynhenid.'[5]

Felly, egwyddor sylfaenol Fletcher yw: 'Nid oes dim yn dda

---

5   Thompson, tud. 115

ohono'i hun heblaw cariad.' Y mae'n dyfynnu Awstin Sant: er mwyn gwybod a ydyw person yn dda ai peidio, 'Nid gofyn beth y mae'n ei gredu na beth y mae'n ei obeithio a wnawn ond yn hytrach beth y mae'n ei garu.'[6]

Y mae i'r cariad hwn nifer o nodweddion, yn ôl Fletcher:

- y mae egwyddor cariad wedi cymryd lle'r Torah yn nysgeidiaeth Iesu a Paul;
- nid yw cariad yn ddibynnol ar gael ein caru yn ôl;
- y mae'n galw pobl i radd uchel o gyfrifoldeb personol, ac felly y mae'n gariad cyfrifol;
- yr un yw cariad â chyfiawnder, gan mai cyfiawnder yw cariad ar waith yn y gymuned ddynol;
- y mae cariad bob amser yn ceisio lles y person neu'r personau arall;
- y mae pobl yn rhydd i wneud penderfyniadau cariad ym mhob sefyllfa unigol; gan fod pobl yn rhydd gallant ymdopi â'u rhyddid.

Egwyddorion Moeseg Sefyllfa

Y mae Vardy a Grosch yn crynhoi egwyddorion gweithredol moeseg sefyllfa o dan y penawdau canlynol:[7]

- Pragmatiaeth: Rhaid i'r weithred fod yn bragmataidd.
  Y mae'n angenrheidiol fod y weithred sydd o dan ystyriaeth yn un ymarferol. Hynny yw, rhaid ei bod yn debygol o weithio. Sut y mae penderfynu a ydyw'n debygol o weithio ai peidio? Dim ond wrth bennu nod neu amcan ar gyfer y weithred. Yn ôl Fletcher, y sail ar

---

6   Fletcher, J. F., *Situation Ethics: The new morality*, Westminster John Knox, 1996, tud. 63
7   Vardy, P. a Grosch, P., *The Puzzle of Ethics*, tud. 125 ymlaen

gyfer barnu llwyddiant neu fethiant unrhyw feddwl neu weithred yw: a ydyw'n gwasanaethu dibenion cariad?

- Perthynoliaeth: Rhaid gweithredu yn ôl perthynoliaeth (*relativism*) yn hytrach nag absoliwtiaeth.

  Y mae moeseg sefyllfa yn gwrthod ymadroddion fel 'ddim byth' neu 'bob amser' gan fod amgylchiadau'n creu eithriadau. Ond nid yw hyn yn golygu ei bod yn bosibl gwneud unrhyw beth a ddymunwn oherwydd rhaid gweithredu mewn modd sy'n gyson â deddf cariad. Bydd penderfynu sut mae gweithredu'n gariadus yn dibynnu ar y sefyllfa.

- Positifiaeth: Rhaid gwneud penderfyniad cadarnhaol o blaid honiad ffydd mai 'Cariad yw Duw.' Hynny yw, rhaid i unigolyn benderfynu o blaid cariad Cristnogol, cariad na ellir ei brofi'n rhesymegol.

- Personolyddiaeth: Rhaid rhoi pobl yn y lle blaenaf.

  Tra bod y ddeddf naturiol yn gofyn yn gyntaf, Beth mae'r gyfraith yn ei ddweud? y mae moesegydd sefyllfa yn gofyn, Beth sydd o gymorth mwyaf i bobl?

Pwyso a mesur moeseg sefyllfa

Y mae Thompson[8] yn crynhoi manteision moeseg sefyllfa fel hyn:

- Y mae'n hawdd ei deall: dim ond un egwyddor sydd i'w dilyn.
- Y mae'n hyblyg ac yn rhoi rhyddid i berson weithredu'n wahanol i rywun arall heb deimlo'i fod wedi gwneud rhywbeth o'i le.
- Y mae'n galluogi ymateb emosiynol a rhesymegol i unrhyw sefyllfa ac nid oes angen gweithredu yn unol

---

8   Thompson, 1999, tud. 117

â rheol arbennig os ydyw hynny'n mynd yn groes i ymwybyddiaeth ddofn o ofynion cariad.

- Y mae'n seiliedig ar gariad, sy'n nodwedd allweddol o bob system foesol.

Ond y mae i'r foeseg hon anfanteision hefyd:

- Y mae deddf absoliwt cariad yn dal i fod yn ddeddf. Os yw rhywun yn mynd i weithredu'n hunanol, y mae yr un mor debygol o dorri deddf cariad ag unrhyw egwyddor foesol arall.
- Y mae perygl y bydd yn arwain at aneglurder moesol gan nad oes unrhyw fodd gwrthrychol o sicrhau bod dau berson yn dod i'r un casgliad ynglŷn â gofynion deddf cariad mewn unrhyw sefyllfa.
- Y mae'n tueddu i rannu sefyllfaoedd moesol cymhleth yn benderfyniadau moesol unigol lle y mae angen cymhwyso rheol cariad. Fe allai amser ddod pan ddylid sefyll yn ôl a gofyn beth fyddai holl ganlyniadau gweithredu mewn rhyw fodd arbennig.

At y rhain gellir ychwanegu anfanteision eraill hefyd. Er enghraifft, y mae moeseg sefyllfa yn unigolyddol a goddrychol iawn: y mae'n dibynnu i raddau helaeth iawn ar fy ymateb a'm dehongliad personol o reol cariad a gofynion sefyllfa arbennig. Yn aml iawn, wedi'r cyfan, y mae'n anodd dirnad beth y mae rheol cariad yn galw amdano.

Wrth ymwrthod â rheolau moesol absoliwt, onid yw mewn perygl o gyfiawnhau rhai gweithredoedd sy'n amlwg yn mynd yn erbyn yr hyn sy'n dda, megis lladrad, godineb, celwydd, lladd? Onid yw'r rhain yn weithredoedd anfoesol, p'un a ydynt yn cael eu cyflawni o gymhellion cariadus ai peidio? Yn wir, oni ellir dadlau bod gweithredoedd megis godineb a lladd yn mynd yn erbyn deddf cariad ym mhob amgylchiadau? Neu a ellir honni bod cariad o bryd i'w gilydd yn cyfiawnhau godineb neu ladd?

Daw Vardy a Grosch i'r casgliad y gallai moeseg sefyllfa ein gwarchod rhag cymryd y ddeddf naturiol yn rhy lythrennol. Un modd o wneud hynny yw drwy ffordd ganol cyfranoliaeth (*proportionalism*), sy'n honni bod yna reolau moesol penodol ac na ddylid mynd yn groes i'r rhain oni bai fod rheswm cyfrannol (*proportional*) oddi mewn i sefyllfa arbennig yn cyfiawnhau hynny.

Er enghraifft, gellir dadlau bod lladd yn foesol annerbyniol yn arferol ac na ddylid lladd neb. Ond mewn rhai sefyllfaoedd, megis afiechyd poenus a therfynol, gellid dadlau bod gofynion cariad tuag at y person sy'n dioddef yn medru cyfiawnhau cynorthwyo'r person i ddod â'i fywyd i ben, er mwyn osgoi unrhyw ddioddefaint erchyll pellach. A oes tir ffrwythlon yma a fedrai ddwyn deiliaid y ddeddf naturiol a moeseg sefyllfa at ei gilydd yn y dyfodol?

C. ÔL-NODYN

Cyn gorffen y bennod hon, dylid rhoi sylw i ddwy egwyddor arall a fu'n amlwg yng nghymdeithas y Gorllewin, os nad ymhlith credinwyr. Y mae rhai'n honni mai iwtilitariaid yw'r rhan fwyaf o boblogaeth ein gwlad erbyn hyn. Felly, edrychir yn fras ar egwyddorion iwtilitariaeth. Rhown ychydig sylw hefyd i foeseg y gorchymyn categorig.

Iwtilitariaeth

Sail damcaniaeth iwtilitariaeth yw 'egwyddor defnyddioldeb'. Dylid anelu, ym mhob sefyllfa lle y mae dewis moesol, at weithredu yn y fath fodd fel ag i sicrhau'r hapusrwydd mwyaf i'r nifer mwyaf o bobl.

Lluniwyd damcaniaeth iwtilitariaeth gan Jeremy Bentham (1748–1832) a'i datblygu gan John Stuart Mill (1806–73). Cafodd Bentham ei gyflyru yn bennaf gan ei bryder dros amgylchiadau cymdeithasol ei ddydd yn hytrach na'i awydd i ddatblygu egwyddorion moesol, fel y cyfryw, a chredai y gellid barnu daioni neu ddrygioni unrhyw weithred yn ôl canlyniadau'r weithred:

> Y mae defnyddioldeb yn golygu'r nodwedd honno mewn unrhyw wrthrych sy'n ei dueddu i gynhyrchu lles, mantais, pleser, daioni, neu hapusrwydd (y mae hyn oll yn yr achos hwn yn golygu'r un peth) neu (sydd eto'n golygu'r un peth) yn rhwystro niwed, poen, drygioni neu anhapusrwydd i unrhyw berson neu bersonau sydd â'u lles o dan ystyriaeth: os ystyrir y gymuned gyfan, yna hapusrwydd y gymuned; os unigolyn penodol, yna hapusrwydd yr unigolyn.
>
> (*An Introduction to the Principles of Morals and Legislation*)[9]

Egwyddor ganolog iwtilitariaeth, felly, yw mesur hapusrwydd, yn ôl Bentham.

Cyflwynodd John Stuart Mill bwyslais newydd; ei awydd ef oedd ailddehongli iwtilitariaeth Bentham. Yn gyntaf, rhoddodd bwyslais ar ansawdd hapusrwydd neu boen yn hytrach na'u maint. Ceisiodd wahaniaethu rhwng y pleserau uwch sy'n gysylltiedig â'r meddwl a'r pleserau is sy'n gysylltiedig â'r corff. Y mae'n amlwg na ellir gwahanu'r rhain oddi wrth ei gilydd yn llwyr, ond wedi sicrhau gofynion sylfaenol y corff (er enghraifft, am fwyd a gwres) gellir canolbwyntio ar gyrchu at amcanion moesol uwch megis y meddyliol, y diwylliannol a'r ysbrydol.

Yn ail, galwai am foesoldeb a oedd yn seiliedig nid yn gymaint ar yr hyn sy'n ddymunol ond ar yr hyn sy'n dda ac yn

---

9   Bentham, J., *An Introduction to the Principles of Morals and Legislation*, Clarendon, Oxford, 1789

llesol – gwirionedd, prydferthwch, cariad, cyfeillgarwch. Roedd yn realistig am y natur ddynol ac yn sylweddoli bod pobl yn ildio i'r pleserau is yn hytrach na'r pleserau uwch, ond nid oedd yn credu bod hyn mewn unrhyw fodd yn gwanhau ei ddadl dros werth moesol uwch y pleserau uwch hynny:

> Yn y mwyafrif o bobl y mae'r gallu i gyrchu'r teimladau uwch yn blanhigyn tyner iawn, yn un sy'n hawdd ei ladd, nid yn unig drwy ddylanwadau gelyniaethus ond drwy ddiffyg cynhaliaeth ...Y mae pobl yn colli eu dyheadau uwch wrth iddynt golli eu hanian feddyliol oherwydd nad oes ganddynt nac amser na chyfle i'w mwynhau; ac y maent yn mynd yn gaeth i bleserau is, nid am eu bod yn fwriadol yn eu dewis ond am mai'r rhain yw'r unig rai sydd ar gael iddynt neu'r unig rai y maent bellach yn gallu eu mwynhau.[10]

Yn drydydd, cysylltodd Mill (mewn gwrthgyferbyniad â Bentham) iwtilitariaeth â'r foeseg Gristnogol ('caru ein cymydog fel ni ein hunain' yw perffeithrwydd delfrydol moesoldeb iwtilitariaeth) a rhoddodd le amlycach i hunanaberth:

> Y mae moesoldeb iwtilitariaeth yn cydnabod bod gan fodau dynol allu i aberthu'r daioni mwyaf iddynt hwy eu hunain er mwyn lles pobl eraill. Ond y mae'n gwrthod cydnabod bod yr aberth ynddo'i hun yn dda. Y mae'n ystyried mai gwastraff yw unrhyw aberth nad yw'n cynyddu neu'n tueddu i gynyddu cyfanswm hapusrwydd.[11]

Yn olaf, credai fod cyfraniad cadarnhaol i'w wneud gan reolau oddi mewn i foesoldeb iwtilitariaeth. Er enghraifft, y mae ar gymdeithas angen y rheol y dylid dweud y gwir ac na ddylai neb elwa drwy ddweud anwiredd. Y mae'r rheol hon (y dylid

---

10 Mill, J.M, *Utilitarianism*
11 Parker, Len & Bourn, Llundain,1863

dweud y gwir) yn sicrhau'r hapusrwydd mwyaf i'r nifer mwyaf o bobl, a byddai torri'r rheol yn y tymor hir yn arwain at lai o hapusrwydd.

Ni fu iwtilitariaeth yn y naill ffurf na'r llall yn amlwg iawn yn y meddylfryd Cristnogol ac yn sicr ni chafodd fawr sylw mewn datganiadau Cristnogol enwadol nac ecwmenaidd yn ystod y cyfnod diwethaf. Fodd bynnag, rhoddwyd amlinelliad byr iawn o'r egwyddor hon ar ddiwedd y bennod hon oherwydd bod yr agwedd foesol hon yn nodweddu agwedd trwch poblogaeth 'seciwlar' y Gorllewin ac efallai'n adlewyrchu hefyd agwedd llawer o Gristnogion yn y Gorllewin sy'n rhoi mwy o bwysau nag eraill ar y seiliau Cristnogol y buom yn eu hystyried yn y bennod flaenorol. Cofiaf glywed y diweddar Athro Bernard Williams yn dweud ar raglen deledu rai blynyddoedd yn ôl, mai iwtilitariaeth oedd sail penderfyniadau moesol y rhan fwyaf o drigolion Prydain, p'un a oeddent yn ymwybodol o hynny ai peidio. Ond mewn cyfrol a gyhoeddwyd ym 1973 mynegodd Williams gryn amheuaeth am unrhyw egwyddor foesol oedd yn disgwyl i berson roi o'r neilltu'n llwyr ddaioni, dedwyddwch a hapusrwydd personol er mwyn medru gwasanaethu daioni, dedwyddwch a hapusrwydd y mwyafrif.[12] Ond efallai fod egwyddor Gristnogol bwysig yma y dylid rhoi mwy o bwyslais arni ymhlith Cristnogion. Wedi'r cyfan, onid yw cariad tuag at eraill a hynny, weithiau, ar draul ein lles ein hunain, yn ganolog i'r foeseg Gristnogol? Ar y llaw arall, y mae perygl fod iwtilitariaeth yn rhoi cymaint o bwyslais ar les y mwyafrif nes bod buddiannau'r unigolion hynny sydd ymhlith y lleiafrif mewn cymdeithas yn cael eu hesgeuluso. Onid yw lles 'un o'r rhai lleiaf hyn' yn hollol ganolog i'r foeseg Gristnogol ac na ddylai gael ei lyncu gan ein hymrwymiad i sicrhau cyfiawnder a chyfle i'r mwyafrif?

---

12 Williams, B., *Utilitarianism: For and Against*, Caergrawnt, 1973

Y Gorchymyn Categorig

Datblygwyd moesoldeb y gorchymyn categorig gan Immanuel
Kant yn ystod cyfnod yr Ymoleuo pan ddaeth rheswm i lywio'r
meddylfryd dynol.[13] Cyflwynwyd y cysyniad o'r gorchymyn
categorig mewn gwrthgyferbyniad i'r gorchymyn hypothetig
sy'n dadlau fel hyn: os ydwyf am feistroli canu'r piano, fe ddylwn
ymarfer yn gyson; os nad ydwyf am feistroli'r ddawn hon, nid
yw'n ofynnol i mi ymarfer gan nad yw meistroli'r piano yn
ddyletswydd sy'n ofynnol ar unrhyw un ohonom! Hynny yw,
y mae'r hyn y dylwn ei wneud yn dibynnu'n llwyr ar yr hyn
yr wyf yn dymuno'i gyflawni. Neu, yng ngeiriau Mounce, y
mae'n amodol. Ond y mae ambell ddyletswydd yn ddiamod.
Os ydym ni'n gweld rhywun yn ceisio lladd rhywun arall, yna
mae'n ofynnol i ni geisio'i rwystro rhag gwneud hynny, gan
fod achub bywyd person arall yn ddyletswydd foesol ddiamod.
Nid yw o bwys yn y mater hwn nad ydym yn adnabod y naill
berson na'r llall, nad ydym yn hoffi'r naill berson na'r llall, neu
ein bod yn poeni am ein diogelwch ein hunain pe baem yn
ymyrryd mewn sefyllfa sy'n amlwg yn un dra pheryglus. Y mae
yma ddyletswydd ddiamheuol a diamod, sef y dylem ym mhob
sefyllfa anelu at achub bywyd person sydd mewn perygl. Y mae'r
ddyletswydd hon mewn categori gwahanol nad yw'n ddibynnol
mewn unrhyw ffordd ar effaith, na chanlyniadau na dymuniad.
Dyma'r gorchymyn categorig. Ei sail yw dyletswydd foesol
ddiamod. I Kant, felly, yr egwyddor sylfaenol a ddylai gyflyru
ein hymddygiad moesol yw dyletswydd ei hun. Yn ôl Mounce:

> [Y mae dyletswydd] yn ddigon. Y mae moesoldeb yn
> hunanlywodraethol. Nid yw'n caniatáu unrhyw gymhelliad heblaw

---

13 Am ymdriniaeth Gymraeg o foeseg Kant, gweler Mounce, H. O. (cyf.
    Gealy, W. L.) 'Immanuel Kant', yn Daniel J. a Gealy, W. L., *Hanes
    Athroniaeth y Gorllewin*, Gwasg y Brifysgol, 2009, tud. 424 ymlaen

am ei awdurdod ef ei hun. Yn wir, y mae Kant yn gwadu y gall ewyllys Duw, hyd yn oed, fod yn gynsail i foesoldeb ... Mewn gair y mae moesoldeb yn annibynnol ar Dduw.[14]

Amcan Kant yn y foeseg hon – amcan a oedd yn nodweddiadol o gyfnod yr Ymoleuo – oedd ceisio datblygu cynsail foesol a oedd, er ei fod ef ei hun yn Gristion, yn annibynnol ar unrhyw gred Gristnogol neu grefyddol yn Nuw. Felly, y mae Kant yn dadlau bod ein dyletswydd yn *a priori*, hynny yw, y mae'n hollol annibynnol ar ddadleuon o blaid neu yn erbyn unrhyw weithred arbennig neu unrhyw dystiolaeth empirig. Y mae ei hawdurdod yn tarddu o'r ddyletswydd ei hun.

Dadleuodd, felly, fod y ddyletswydd absoliwt hon yn rheoli'r bywyd moesol. Ond sut mae darganfod beth yw union oblygiadau moesol ac ymarferol y ddyletswydd hon? Y gorchymyn categorig yw ateb Kant i'r cwestiwn hwn. Y mae'n cynnig sawl fersiwn o'r gorchymyn hwn. Geilw ei fersiwn cyntaf yn Fformiwla Deddf Natur: 'Dylid gweithredu fel petai egwyddor greiddiol (neu facsim) y weithred i ddod drwy ewyllys y sawl sy'n gweithredu yn ddeddf gyffredinol natur.' Felly dylid gofyn: a oes gan bawb yn yr amgylchiadau arbennig hyn yr hawl naturiol a chynhenid i gyflawni'r weithred hon? Os 'Oes' yw'r ateb, yna y mae hyn yn ddyletswydd foesol. Os 'Na' yw'r ateb, yna nid yw'n ddyletswydd ac felly ni fyddai'n weithred foesol. Yr ail fersiwn yw Fformiwla'r Diben ei Hun: 'Dylid gweithredu fel ein bod bob amser yn ymdrin â dynolryw, naill ai yn ein person ein hunain neu ym mherson unrhyw un arall, nid byth fel modd yn unig ond bob amser ac ar yr un pryd fel diben ynddo'i hun.' Hynny yw, nid oes unrhyw weithred yn foesol os yw'n ymdrin ag unrhyw berson fel modd o gyrraedd rhyw nod. Rhaid bob amser barchu urddas, parch, lles a phwrpas terfynol y person

---

14 ibid., tud. 425

ei hun, pwy bynnag ydyw. A ydyw'n iawn i gymryd bywyd? A ydyw cymryd bywyd rhywun yn parchu urddas, parch lles a phwrpas terfynol y person? Os nad ydyw, nid yw cymryd bywyd byth yn foesol. Y trydydd fersiwn o'r gorchymyn categorig yw Fformiwla'r Deyrnas o Ddibenion: 'Dylid gweithredu fel petaem drwy ein hegwyddor greiddiol (neu ein macsim) yn aelod deddfwriaethol o deyrnas o ddibenion.' Os ydwyf wedi penderfynu bod gweithred yn foesol dderbyniol i mi mewn amgylchiadau arbennig gan ei bod yn gwasanaethu dibenion sy'n foesol dderbyniol, a fyddai'n briodol gwneud y weithred hon yn ddeddfwriaeth mewn teyrnas lle mae'n rhaid i bob gweithred wasanaethu diben moesol?

Trwy ddefnyddio rheswm i ddehongli'r fformiwlâu hyn y gallwn ddirnad ein dyletswydd foesol, a ddaw felly'n orchymyn categorig i ni ac i'r holl ddynolryw. Os gweithredwn yn foesol yn unol â'r gorchymyn categorig hwn (ym mha ffurf bynnag y byddwn yn ei fynegi), yna yr ydym yn ymgyrraedd at nod uchaf bodau dynol, sef datblygiad yr ewyllys dda, a dyma'r gwir hapusrwydd dynol. Mewn gwirionedd, wrth gwrs, yr oedd ei ddamcaniaeth yn codi cwestiwn sylfaenol ym meddwl Kant ei hun, sef a ydyw fyth yn bosibl cyflawni gofynion dyletswydd neu bwrpas moesol y gorchymyn categorig yn y bywyd hwn? Os nad ydyw, a ydyw credu ym modolaeth Duw ac anfarwoldeb mewn unrhyw fodd yn cynnig ateb i'r methiant ymddangosiadol hwn i gyrraedd nod uchaf y bywyd dynol, sef hapusrwydd?

Y mae'r arolwg hwn o bedair damcaniaeth foesol wedi cyflwyno pedair ffordd wahanol o ddefnyddio rheswm i ddod i benderfyniadau ar weithredu sy'n foesol 'dderbyniol'. Y mae dwy ohonynt yn benodol Gristnogol a dwy ohonynt yn ceisio'n fwriadol osgoi categorïau crefyddol neu fetaffisegol i ddatrys problemau moesol. Nid yw'r bennod hon wedi ceisio pwyso a mesur y damcaniaethau hyn yn fanwl. Gadewir hyn i'r darllenydd. Wrth ystyried y materion hyn, fodd bynnag, y cwestiwn sylfaenol yw hwn: p'un a ydyw'r damcaniaethau hyn wedi eu gwreiddio yn y traddodiad Cristnogol ai peidio, a ydynt yn cyfrannu at y modd y gall Cristnogion wneud penderfyniadau moesol heddiw? Yn sicr, y mae'r ddeddf naturiol a moeseg sefyllfa yn tarddu'n uniongyrchol o'r traddodiad Cristnogol ond dônt i gasgliadau hollol wrthgyferbyniol i'w gilydd am natur a goblygiadau'r foeseg honno. Tra mae'r naill yn ceisio gosod seiliau moesol mewn deddfau digyfnewid y mae'r llall yn fwriadol wrthwynebus i'r fath ddeddfau haearnaidd ac yn honni mai drwy bwyso a mesur deddf cariad diamod ym mhob sefyllfa y mae penderfynu sut mae byw'n foesol fel Cristion. Beirniedir y naill am fethu ystyried amgylchiadau personol, teuluol a chymunedol wrth geisio penderfynu sut mae gweithredu. Beirniedir y llall am fod mor benagored fel y gall unrhyw un benderfynu gweithredu mewn unrhyw fodd a honni bod y weithred yn unol â'r foeseg Gristnogol. Gall y naill ymddangos yn orthrymus; gall y llall ymddangos fel penrhyddid. Ond beth am iwtilitariaeth a damcaniaeth foesol Kant? A fedr Cristnogion fabwysiadu fframwaith moesol sy'n fwriadol osgoi ystyried egwyddorion Cristnogol neu a ydyw'n bosibl addasu'r damcaniaethau 'seciwlar' hyn at ddibenion Cristnogol? A thu cefn i hyn oll y mae cwestiwn mwy sylfaenol fyth, sef a ydyw cynsail grefyddol yn anhepgor i unrhyw foeseg ddilys a chredadwy?

Moeseg Feddygol a Biowyddorol

Y MAE'R BENNOD hon yn mynd â ni i galon pynciau personol a dirdynnol iawn. Y mae'n codi cwestiynau dyfnion am natur bywyd dynol, beth mae'n ei olygu i fod yn berson mewn cymuned o bersonau ac, i Gristion, sut mae perthynas personau â Duw yn newid ein dirnadaeth a'n profiad o fod yn berson. Dywedir yn aml mewn trafodaethau fel hyn fod bywyd dynol yn gysegredig. Amcan y paragraffau canlynol, felly, yw gosod y bennod hon oddi mewn i fframwaith diwinyddol a fydd, gobeithio, yn ein cynorthwyo i weld sut mae'r ffydd Gristnogol yn dirnad cysegredigrwydd a sancteiddrwydd bywyd.

Sbardunwyd a bathwyd ein hesblygiad mewn ymateb i amcanion cariadus Duw sy'n greawdwr. Felly, nid bodau esblygedig yn unig ydym ond bodau esblygedig a ddaeth i fod drwy gariad ac er mwyn cariad. Er pwysiced ydyw, nid ein deunydd genetaidd, ein DNA, sydd â'r gair olaf. Yn bennaf oll, fel rhai a ddaeth i fod drwy gariad ac er mwyn cariad, rydym yn dwyn arnom ddelw Duw ac fe'n bwriadwyd i adlewyrchu yn ein byw a'n bod fywyd a gogoniant Duw. Mewn geiriau eraill, fe'n dyrchafwyd uwchlaw a thu hwnt i gyfyngiadau esblygiad gan fod gwerth moesol bodau dynol – er i ni amharu arno drwy ein hanufudd-dod – yn cael ei fesur yng ngoleuni delw Duw arnom, delw a gyflawnwyd ac a berffeithiwyd yn unig yn Iesu Grist.

Rhodd i ni oddi wrth Dduw yw'r bywyd yr ydym yn ei fyw – y bywyd a esblygodd o'r cychwyn – a roddwyd i'w feithrin, ei warchod a'i gyflawni. Gan hynny, fel rhodd, y mae ein bywyd ni (a bywyd yr holl ddynolryw) i'w drysori, a dylid ystyried darganfyddiadau a fedrai gyfoethogi bywydau pobl sydd wedi eu hamharu, am ba reswm bynnag, hefyd fel rhoddion oddi wrth Dduw a fwriadwyd i adfer ac adnewyddu bywyd.

Yr oedd y cariad a ddygodd fodau dynol i fodolaeth ar waith o'r dechrau hefyd yn dwyn y greadigaeth i fod. Gan hynny, y mae'r cosmos hefyd wedi ei gofleidio gan gariad ac wedi ei fwriadu ar gyfer cariad. Ond yng nghalon realaeth faterol y bydysawd – realaeth y mae bodau dynol yn rhan ohoni – y mae risg ac ansicrwydd. Gan hynny, ni ellir gwarantu dim ac y mae, fel bob amser, risg ddofn yng nghalon cariad.

Fel bodau sydd wedi esblygu, cawn ein cofleidio i mewn i rwydwaith cymhleth a chyfoethog bywyd esblygedig y blaned hon yn ei holl amrywiaeth a'i ryfeddod, ei holl addewid a'i fygythiad. Gan hynny, ni allwn fyw fel bodau moesol wedi ein hynysu rhag y cosmos sydd o'n hamgylch; fe'n bwriadwyd i bartneriaeth â'r ddaear.

Daethom i fod hefyd er mwyn byw mewn cymuned a chymdeithas â'n gilydd, i fod yn gymdeithion. Gan hynny, y mae perthynas o gariad a rhannu, tosturi a phartneriaeth yn greiddiol i'n hunaniaeth ddynol. Ond amherir ar y berthynas hon hefyd gan bechod. Rhaid cydnabod hyn ac edifarhau. Gall adfer cymuned a pherthynas â rhai olygu dirwyn ambell berthynas arall i ben.

Yn wyneb hyn oll, y mae bywyd yn rhodd werthfawr i'w thrysori a'i meithrin. Ond y mae marwolaeth yn rhodd i'w thrysori hefyd, er mor boenus i'r rhai a garwn ac i ni ein hunain, rhodd i'w hoffrymu er gogoniant Duw. Gan hynny, y mae dechrau a diwedd bywyd, fel ei gilydd, yn gysegredig ac y

61

mae eu cyflwyno yn ôl i Dduw pan mae'n rhy boenus i ni (ac eraill) ei ddioddef yn dderbyniol i Dduw cariad a thosturi sy'n ei uniaethu ei hun â'n cyflwr dynol, ein dioddefaint a'n hanobaith. Oherwydd y mae Duw, yn ing, marwolaeth ac atgyfodiad Iesu, a thrwyddynt yn gwaredu'r ddynolryw (ynghyd â'r greadigaeth gyfan) yn ei byw fel yn ei marw fel y gallwn ni a phopeth adlewyrchu gogoniant Duw.

Yn ogystal ag ystyried y pynciau moesol dan sylw yn y bennod hon yn ddiwinyddol, mae pynciau mor bersonol a phoenus â'r rhain yn gofyn am feddwl yn glir, gwybod a deall y ffeithiau, gwerthuso'r dadleuon o blaid ac yn erbyn llwybr arbennig yn wrthrychol a bod yn ymwybodol o ystod eang o safbwyntiau Cristnogol (a chrefyddol) ar bwnc arbennig. Ni ddylid dod i benderfyniadau moesol ar sail profiad personol neu ymateb emosiynol yn unig.

Ar y llaw arall, dylid gochel rhag meddwl nad oes lle allweddol i emosiwn a phrofiad yn y cwestiynau am fywyd a marwolaeth y mae moeseg gyfoes – personol a chymdeithasol – yn gorfod delio â nhw. Dylid bod yn anfodlon ag ymagwedd sy'n hollol wrthrychol, 'academaidd' a haniaethol.

Y mae maes y bennod hon yn enfawr! Yn ystod degawdau olaf yr ugeinfed ganrif a blynyddoedd cyntaf y ganrif bresennol gwelwyd datblygiadau anhygoel yn y meysydd hyn, datblygiadau sydd, gan amlaf, yn codi cwestiynau moesol anodd yn eu sgil. Bydd ychydig enghreifftiau'n ddigon i atgoffa darllenwyr o ystod eang y materion dan sylw. Un maes sydd wedi cael sylw dros y blynyddoedd diweddar yw trawsblannu organau. Crëwyd cryn gynnwrf a chonsýrn yn fyd-eang pan gyflawnodd Dr Christiaan Barnard ei drawsblaniad calon cyntaf yn Ne Affrica ym 1967. Beth oedd goblygiadau diwinyddol a moesol trawsblannu calonnau, o gofio sut y bu i'r traddodiad Cristnogol (yn ogystal â thraddodiadau diwylliannol a chrefyddol eraill) weld y galon ddynol yng ngwead y person cyfan? Erbyn hyn, fodd bynnag, ehangodd y maes hwn yn rhyfeddol, ac y mae'n bosibl bellach trawsblannu nifer o organau (gan gynnwys ysgyfaint). Nid moesoldeb y broses hon fel y cyfryw yw'r cwestiwn pennaf bellach ond sut mae sicrhau cyflenwad digonol o organau i'w trawsblannu, yn wyneb y gofyn mawr am y triniaethau llawfeddygol hyn. A oes hawl gennym ar ein horganau ni ein hunain, hyd yn oed ar ôl marwolaeth, neu a oes gan gymdeithas hawl i ddefnyddio'n horganau ni oni bai ein bod ni wedi gwneud ein dymuniad nad ydynt i'w defnyddio yn hysbys?

Ym 1953 bu i Watson a Crick ddarganfod strwythur cemegol y moleciwl genetig pwysicaf oll, sef asid deocsiriboniwcleig (DNA). Daethpwyd i ddeall drwy hyn sut mae nodweddion genetig yn cael eu trosglwyddo a'u haddasu ar draws cenedlaethau planhigion ac anifeiliaid (gan gynnwys bodau dynol, wrth gwrs). O ganlyniad, yn ystod y degawdau dilynol, datblygwyd dulliau o addasu'r nodweddion genetig mewn modd artiffisial ac agorwyd y drws i gwestiynau moesol di-rif yn ymwneud â pha addasiadau genynnol sy'n foesol dderbyniol (os ydynt o gwbl) a pha rai sydd ddim yn dderbyniol. Erbyn hyn y mae strwythur cemegol y genom dynol (yn ogystal â genom anifeiliaid eraill a phlanhigion) wedi ei ddiffinio ac felly y mae yn ein meddiant y gallu i addasu'r genom hwn. Pa gwestiynau moesol a godir gan y datblygiadau hyn? A oes cyfyngiadau moesol ar faint o addasu sy'n dderbyniol? A oes rhai dulliau o addasu y gellid eu cyfiawnhau oherwydd eu bod yn llesol ac eraill y dylid eu gwahardd am eu bod yn ymylu ar ewgeneg? Sut mae datblygu canllawiau i gynorthwyo unigolion a chymdeithas wrth wneud penderfyniadau moesol yn y maes hwn? Yn fwy cyffredinol, a ydyw addasu genynnol (a elwir yn aml yn beirianneg enynnol) mewn perthynas ag anifeiliaid neu blanhigion yn foesol dderbyniol a pha egwyddorion Cristnogol sy'n berthnasol yn y maes hwn?

Yn ogystal â'r cwestiynau a godir yn sgil y wyddoniaeth feddygol a biowyddorol ei hun, codir cwestiynau cymdeithasol ac economaidd hefyd. O gofio pa mor gostus yw llawer o'r triniaethau hyn, a ellir cyfiawnhau gwario symiau sylweddol allan o'r cyllid iechyd cyhoeddus ar driniaethau blaengar a chostus yn hytrach na thrin llawer mwy o bobl yn effeithiol drwy driniaethau nad ydynt mor gostus? Y cwestiwn ehangach, wrth gwrs, yw a ellir cyfiawnhau'r gwariant sylweddol yn y meysydd blaengar hyn mewn gwledydd datblygedig tra mae miliynau o bobl yn dal i farw o heintiau a chlefydau y gellid eu trin yn hawdd ac effeithiol pe bai'r adnoddau ariannol ar gael i'r gwledydd hynny?

Mewn cyfrol fer fel hon ni ellir rhoi sylw manwl i'r holl gwestiynau a godir yn y maes hwn ac felly canolbwyntir yn unig ar beirianneg enynnol, ar y defnydd o gelloedd bonyn mewn triniaethau meddygol ac ar agweddau o'r cwestiynau ariannol a nodwyd uchod.

Peirianneg enynnol

I ddibenion y drafodaeth hon, gellir diffinio peirianneg enynnol fel proses o ymyrryd ac addasu deunydd genynnol a phrosesau naturiol epilio (mewn pobl yn ogystal â phlanhigion ac anifeiliaid eraill) er mwyn cynhyrchu newidiadau a ddymunir yng ngwneuthuriad genynnol organebau am resymau personol, meddygol neu economaidd. Yn fras, y mae'r broses yn golygu trosglwyddo cromosomau (sef y deunydd genynnol unigryw sy'n penderfynu nodweddion cynhenid unrhyw organeb) o un organeb a'u gosod yng nghell organeb arall. O ganlyniad, trosglwyddir nodweddion un organeb i organeb arall. Er enghraifft, gellir trosglwyddo cromosomau o blanhigyn sy'n medru ymgodymu ag amgylchedd sych a chynnes iawn i rywogaeth o reis er mwyn i ffermwyr mewn gwledydd sych allu tyfu reis yn llwyddiannus, cnwd a fyddai'n arferol yn galw am gyflenwad da o ddŵr. Yn y broses drosglwyddo hon gellir caniatáu i'r epil atgenhedlu'n naturiol o hyn ymlaen, gan drosglwyddo'r nodweddion newydd i'r organeb newydd. Ond gellir hefyd addasu'r broses yn y fath fodd fel ag i atal yr epil rhag atgynhyrchu ymhellach. Y mae hyn yn golygu mai gan y sawl sy'n gyfrifol am y broses wreiddiol hon y mae'r grym terfynol dros y cynnyrch. Y mae enghreifftiau, er enghraifft, o gwmnïoedd grymus yn defnyddio technegau peirianneg enynnol i gynhyrchu reis sy'n medru ymgodymu â sychder enbyd ond nad yw'n atgenhedlu. Canlyniad hyn yw fod ffermwyr tlawd yn y gwledydd hyn yn gorfod prynu'r hadau oddi wrth y cwmni bob blwyddyn yn hytrach na chadw cyflenwad o hadau o'u cnwd eu hunain. Nid yw'r ffermwyr yn medru fforddio'r gwariant pellach hwn ac felly ni allant fanteisio ar y dechnoleg newydd. Ond gellid defnyddio'r technegau hyn mewn bodau dynol hefyd er mwyn dileu afiechydon a achosir yn benodol gan ffactorau genynnol megis ffibrosis systig. O wneud hynny, beth fyddai sgileffeithiau triniaeth o'r fath ar fywyd ac iechyd yr unigolyn yn y dyfodol a beth fyddai effaith y newidiadau genynnol ar unrhyw epil a'u hepil hwy?

Y mae rhai o'r cwestiynau a godir gan y technegau hyn yn rhai diwinyddol. Y cyhuddiad cyffredinol gan rai sy'n eu gwrthwynebu yw fod y technegau hyn yn cyfateb i 'chwarae Duw'; hynny yw, yr ydym yn cymryd arnom yr hawl dros fywyd dynol nad oes gan neb heblaw Duw hawl drosto. Yn y meddwl Cristnogol, y mae'r prosesau naturiol yn tarddu o Dduw'r Crëwr ac nid oes gennym hawl, meddir, i ymyrryd yn y broses honno. O ganlyniad, y mae'r technegau hyn yn anfoesol. Ond onid yw'r broses atgenhedlu naturiol yn dibynnu ar amrywiaethau genynnol sy'n creu newidiadau yn nodweddion cenedlaethau o organebau? Ac onid yw'r hyn y mae ffermwyr a garddwyr wedi ei wneud dros ganrifoedd lawer drwy groesi bridiau arbennig o anifeiliaid neu blanhigion er mwyn cynhyrchu math newydd at ddibenion arbennig, yn addasu genynnol sy'n defnyddio dulliau naturiol? A oes gwahaniaeth moesol sylfaenol rhwng y beirianneg artiffisial a'r bridio naturiol? Ar ba sail mae penderfynu bod un dull yn foesol dderbyniol a dull arall yn foesol annerbyniol?

Cwestiwn moesol arall yn y maes hwn yw: a oes gennym ni fel bodau dynol yr hawl i addasu neu newid rhywogaethau eraill at ein dibenion ni? Mewn geiriau eraill: a oes gennym ni awdurdod dros rywogaethau eraill neu a ydym ni yn rhan o'r rhwydwaith cyfannol sy'n ein cydio mewn undod â holl fywyd y ddaear? Genesis 1:26–29 yw'r adnodau allweddol os ydym am roi ateb Beiblaidd i'r cwestiwn hwn. Fe'n crëwyd ar lun a delw Duw gan roi i ni'r cyfrifoldeb o 'ddarostwng' y ddaear a 'llywodraethu' dros y rhywogaethau. Y mae cryn drafod ynglŷn ag union ystyr y ddau air hyn. A ydynt yn rhoi i ni awdurdod terfynol dros y ddaear a'i rhywogaethau neu a ydynt yn ein galw i fod yn stiwardiaid cyfrifol? Os y cyntaf, y mae ein hawliau ni yn goruwchlywodraethu dros hawliau gweddill y greadigaeth. Felly, gallwn ddefnyddio'r cread i'n dibenion ni ac y mae peirianneg enynnol, o ganlyniad, yn foesol dderbyniol os ydyw'n cael ei ddefnyddio er ein lles a'n ffyniant ni. Ar y llaw arall, os stiwardiaid ydym, rydym yn bartneriaid gyda Duw yn ein perthynas â bywyd a bod y greadigaeth ac o ganlyniad y mae gennym gyfrifoldeb moesol i fod yn stiwardiaid ar y cyfan er lles a ffyniant y cyfan, ac ni allwn ecsploitio rhywogaethau eraill i'n dibenion cyfyng ni ein hunain. Enghraifft eithafol o'r safbwynt diwinyddol hwn yw eiddo Andrew Linzey, sy'n galw peirianneg enynnol yn 'gaethwasiaeth anifeilaidd': 'Y mae peirianneg enynnol yn golygu gweithredu'r honiad absoliwt fod anifeiliaid yn eiddo i ni ac yn bod er ein mwyn ni ... Dônt yn llwyr ac yn gyfan yn eiddo dynol ... Y mae'n ffurf ar gaethwasiaeth anifeilaidd.

Ni wna dim llai na dadfeilio'r wyddoniaeth hon fel sefydliad fodloni'r sawl sy'n galw am gyfiawnder i anifeiliaid.'[1]

Celloedd bonyn

Celloedd bonyn yw'r celloedd hynny sydd â'r potensial ynddynt i ddatblygu i fod yn gelloedd arbenigol aeddfed. Gall celloedd bonyn embryonig ddatblygu i fod yn unrhyw gelloedd arbenigol yn yr organeb – dyma sut mae organebau'n datblygu'n naturiol i aeddfedrwydd. Ond oddi mewn i organau amrywiol unrhyw organeb y mae yna gyflenwad o gelloedd bonyn sy'n dod yn weithredol er mwyn adfer rhannau o'r organau hynny a niweidiwyd neu a ddinistriwyd. Mewn ambell sefyllfa nid oes mewn organau gyflenwad digonol o'r celloedd hyn i adfer yr organau pan fydd niwed enbyd iawn wedi digwydd. Erbyn hyn y mae'n bosibl creu, yn y labordy, o'r celloedd bonyn arbenigol hyn gelloedd bonyn (a elwir yn gelloedd aml-botensial cymelledig) sydd â'r potensial i ddatblygu yn unrhyw un o nifer o organau eraill yn y corff. Gellir wedyn eu trawsblannu i organ arbennig er mwyn adfer neu atgyweirio'r organ hwnnw. Y mae ymchwil wedi digwydd, er enghraifft, mewn perthynas ag esgyrn, llinyn y cefn a dirywiad y maciwla (*macular degeneration*) yn y llygaid.

Enghraifft arall yw'r ymchwil fyd-eang sydd wedi ei chynnal dros y ddau ddegawd diwethaf er mwyn datblygu celloedd bonyn y gellir eu defnyddio i atgyweirio darn o gyhyr mur y galon a ddinistriwyd o ganlyniad i drawiad ar y galon, ac sydd o ganlyniad yn peri i'r galon fod yn aneffeithiol yn pwmpio gwaed drwy'r corff. Y mae'n bosibl bellach defnyddio celloedd bonyn o embryonau, celloedd bonyn cardiaidd arbenigol neu gelloedd aml-botensial cymelledig a'u trawsblannu i gyhyrau mewn darn

---

1 Linzey, A., *Animal Theology*, Gwasg Prifysgol Illinois, 1994, tud. 138 ymlaen

o galon a niweidiwyd gan drawiad; byddai hyn yn debygol o gyflymu'r broses o adfer y cyhyrau. Bu cryn arbrofi ar anifeiliaid a pheth arbrofi ar gleifion mewn ysbytai. Y mae'r argoelion yn dda y gallai'r drinaeth hon fod yn un dra effeithiol.

A ydyw'r triniaethau hyn yn codi cwestiynau moesol? I raddau, y mae'r ateb yn dibynnu ar y math o gelloedd bonyn a ddefnyddir. Os defnyddir celloedd bonyn embryonig, y prif gwestiwn moesol yw'r defnydd o embryonau fel ffynhonnell y celloedd bonyn. Gan amlaf, defnyddir embryonau sy'n weddill yn dilyn triniaeth ar gyfer cenhedlu artiffisial, yn arferol gyda chaniatâd y rhieni. Yn yr achos hwn, cyfyd yr un cwestiynau – a'r un atebion, mae'n siŵr – ag a godir mewn perthynas ag erthylu: beth yw statws moesol yr embryo? Yn wyneb y gofidiau hyn, honnodd rhai gwyddonwyr a moesegwyr nad oes gan yr embryo unrhyw statws moesol yn y pedwar diwrnod ar ddeg cyntaf wedi iddo gael ei ffrwythloni gan nad ydyw'n fwy na chlwstwr o gelloedd (sef blastosyst). Felly, cymeradwyodd y Pwyllgor Seneddol ar Ymchwil Celloedd Bonyn yn 2002[2] ar sail barn adroddiad Warnock[3] (sef, fod gan embryo statws moesol arbennig ond nad oes ganddo statws moesol absoliwt) na ddylid gwahardd ymchwil ar embryonau ond y dylid cyfyngu'r ymchwil hon i'r pedwar diwrnod ar ddeg cyntaf, a hynny, wrth gwrs, drwy drwydded arbennig, gyda goruchwyliaeth glòs ac o dan reolaeth gyfreithiol.

Ond os yw bywyd dynol yn dechrau – fel y byddai llawer o

2 Gweler http://www.parliament.the-stationery-office.co.uk/pa/ ld200102/ldselect/ldstem/83/8305.htm, Pennod 4, darllenwyd 15 Tachwedd 2002

3 Adroddiad Warnock, 1984, Report of the Committee of Enquiry into Human Fertilisation and Embryology (London: Her Majesty's Stationery Office), gweler http://www.hfea.gov.uk/docs/Warnock_ Report_of_the_Committee_of_Inquiry_into_Human_Fertilisation and_ Embryology_1984.pdf, darllenwyd 15 Tachwedd 2012

Gristnogion yn credu – y foment y caiff yr wy ei ffrwythloni, yna mae gan yr embryo statws moesol o'r foment honno ac ni ellir cyfiawnhau'n foesol ei ddefnyddio mewn modd a fyddai'n golygu difa'r embryo a'r potensial am fywyd newydd sydd ynddo, hyd yn oed yn y pedwar diwrnod ar ddeg cyntaf. Byddai eraill yn cytuno bod gan embryo o'r math hwn statws moesol ond nad oes i'w statws moesol yr un arwyddocâd â statws claf sy'n dioddef o glefyd difrifol y gellid defnyddio celloedd bonyn o'r embryo i'w drin. I rai, felly, y mae statws moesol yn absoliwt; i eraill, y mae'n berthynol. Byddai rhai am wahardd y defnydd o gelloedd bonyn embryonig yn gyfan gwbl; byddai eraill yn ei ganiatáu o dan amodau cyfreithiol cyfyng.

O ganlyniad i'r amwysedd hwn ynglŷn â statws moesol a chyfreithiol embryonau y mae ymchwilwyr yn y maes wedi troi eu sylw yn ystod y blynyddoedd diwethaf at y celloedd bonyn eraill a ddisgrifiwyd uchod. Gan nad yw'r rhain yn tarddu o embryonau ond yn hytrach naill ai o anifail neu o'r claf ei hun, nid yw'r un cwestiynau moesol yn codi. Fodd bynnag, fe gyfyd cwestiynau moesol eraill. Y mae tri chonsýrn yn codi. Yn gyntaf, y mae potensial yn rhai o'r triniaethau hyn i achosi cancr yn y claf oherwydd y cemegau y mae'n rhaid eu defnyddio er mwyn cyflawni'r driniaeth. Yn ail, y mae'n bosibl y bydd y driniaeth yn effeithio ar strwythur genynnol y claf, a hynny yn ei dro yn medru achosi niwed. Yn drydydd, fel yn achos pob trawsblaniad, fe all y corff wrthod y celloedd bonyn newydd os ydynt wedi tarddu o unrhyw ffynhonnell heblaw'r claf ei hun. Y cwestiwn moesol, felly, yw: sut mae dyfarnu risg mewn cyd-destun fel hwn? A ydyw'r risg yn fwy neu o fath gwahanol mewn triniaethau celloedd bonyn nag mewn unrhyw driniaeth feddygol neu lawfeddygol ddifrifol? A ydyw'r risg o ganlyniad i unrhyw un o'r cymhlethdodau uchod yn pwyso'n drymach na'r perygl o adael y claf heb driniaeth celloedd bonyn a fedrai achub bywyd neu leddfu symptomau difrifol iawn?

Un ateb pwysig yn y cyd-destun hwn yw na ellir fyth osgoi risg yng nghyd-destun triniaethau meddygol; nid oes unrhyw driniaeth sy'n hollol ddi-risg. Felly, a ydyw'n bosibl graddio risg neu a oes gan bob risg yr un arwyddocâd moesol? Pwy sydd i benderfynu pa radd o risg sy'n foesol dderbyniol? Ai mater i gymdeithas yw hyn neu mater i'r claf neu'r teulu mewn ymgynghoriad cyson, wrth gwrs, â'r arbenigwyr meddygol?

Damcaniaethau moesol ac ymchwil enetig a meddygol

I ba raddau y gallai'r damcaniaethau a ystyriwyd ym Mhennod 2 gynorthwyo Cristnogion wrth iddynt geisio dod i benderfyniadau moesegol yn y meysydd hyn? Ar un olwg, ni fyddai'r ddeddf naturiol yn cefnogi ymchwil a thriniaethau fel y rhai a ystyriwyd uchod. Sail y ddeddf naturiol, fel y gwelsom, yw fod cynllun a phwrpas dwyfol i fywyd dynol. Y mae'r prosesau atgenhedlu naturiol yn adlewyrchu'r cynllun a'r pwrpas dwyfol hwn. Felly, y mae gan embryonau statws moesol sy'n tarddu o gynllun Duw. Canlyniad hyn yw fod unrhyw ymchwil a thriniaethau sy'n amharu ar y prosesau naturiol hyn neu sy'n defnyddio'r embryonau sy'n ganlyniad i hyn i unrhyw ddibenion heblaw'r bwriad dwyfol o roi bod i fywyd newydd yn foesol annerbyniol. Dyma fyddai agwedd yr Eglwys Gatholig Rufeinig (yn benodol ar sail y ddeddf naturiol) a nifer fawr o Gristnogion o draddodiadau craill. Y mae cwestiynau'n codi, wrth gwrs, am natur y beirianneg enynnol. A oes gwahaniaeth sylfaenol rhwng y prosesau genetig naturiol a'r technegau artiffisial y mae addasu genynnol yn dibynnu arnynt? Yn gyffredinol, beth bynnag, byddai cefnogwyr y ddeddf naturiol yn gwrthwynebu addasu genynnol ac unrhyw ymchwil i gelloedd bonyn sy'n dibynnu ar ddinistrio embryonau ar unrhyw adeg wedi'r ffrwythloni.

Beth am iwtilitariaeth? A fyddai'r ddamcaniaeth 'seciwlar' hon yn cynnig unrhyw gymorth i Gristnogion? Os defnyddioldeb yw'r ffon fesur foesol, ymddengys bod dadl gref o blaid peiranneg enynnol ac ymchwil i gelloedd bonyn; mae'r naill a'r llall yn debygol o gynyddu 'hapusrwydd' y mwyafrif a gwasanaethu'r daioni cyffredin gan y gallent arwain at wella afiechydon sy'n medru bygwth bywyd a gwella amgylchiadau bywyd llawer o dlodion y byd drwy gynyddu diogelwch bwyd. Ond, wrth gwrs, er bod y canlyniadau'n ymddangos yn dda, fel y gwelsom uchod, nid oes sicrwydd na fyddai canlyniadau negyddol i rai triniaethau. Felly, y mae amwysedd yn nyfarniad moesol y ddamcaniaeth hon hefyd.

A ydyw gorchymyn categorig Kant yn cynnig canllawiau i'n cynorthwyo? Gellid dadlau, er enghraifft, ei bod yn ddyletswydd foesol gyffredinol i geisio gwellhad o afiechydon sy'n bygwth bywyd ac i geisio sicrhau amgylchiadau byw mwy cyfiawn i'n cyd-drigolion. Y mae'r amcanion hyn yn dda ynddynt eu hunain a gellir, felly, gyffredinoli'r ddyletswydd hon i fod yn gyfraith fyd-eang y dylai pawb elwa arni. Ond ar y llaw arall, onid dadl ar sail canlyniadau yw hon yn y bôn? Y mae'r driniaeth yn dda oherwydd ei bod yn cael canlyniadau llesol. A ydyw'n dda ynddi ei hun? A oes ynddi ddaioni cynhenid, beth bynnag fo'r canlyniadau? Y mae hwn yn gwestiwn llawer mwy anodd i'w ateb.

Ymddengys mai amwys ar y cyfan yw'r damcaniaethau hyn mewn perthynas â'r cwestiynau moesol a godir yn y bennod hon.

Cyngor Eglwysi'r Byd ac ymchwil enetig a meddygol

Yn 2005 cyhoeddodd y Cyngor adroddiad ar beirianneg enynnol dan y pennawd, *Transforming Life*. Gwaith grŵp oddi mewn i raglen y Cyngor ar gyfiawnder, heddwch a'r cread oedd yr adroddiad hwn. Y mae'n ystyried materion yn ymwneud â bywyd dynol yn ogystal â materion amaethyddol. Amlinellir ynddo nifer o egwyddorion pwysig sy'n sail i'r argymhellion a gyflwynir ar ddiwedd yr adroddiad.

Yr egwyddor sylfaenol yw cysegredigrwydd bywyd. 'Gosodir y gymuned ddynol oddi mewn i gymuned ehangach y ddaear. Y weledigaeth hon o ddaear wirioneddol ecwmenaidd sy'n pwysleisio cysegredigrwydd a chydberthynas pob bywyd.'

Y mae'n argymell deall y materion hyn o berspectif yr hyn a elwir yn 'gydberthynas o'r gwaelod'. Gan mai Iesu yw'r gŵr bregus a di-rym, rhaid i Gristnogion weld eu perthynas â'i gilydd fel personau o berspectif y rhai bregus, tlawd a di-rym. Ni allwn, felly, farnu bod gan rai fwy o hawl i fywyd nag eraill: 'Rhodd gan Dduw yw bywyd dynol. Nid yw ei brydferthwch yn ddibynnol ar werthusiad dynol.'

Y mae gan bob person werth cynhenid ac felly gwaherddir defnyddio neb er lles rhywun arall. 'Y maent bob amser yn ddibenion ynddynt eu hunain ac nid byth yn fodd i gyflawni dibenion eraill yn unig.'

Pan fo amcanion economaidd yn mynd yn gynyddol bwysig rhaid rhoi urddas dynol o flaen ystyried personau fel nwyddau ar y farchnad yn unig. Ni ellir defnyddio pobl fel nwyddau ar y farchnad wyddonol.

Rhaid i Gristnogion gydnabod gwerth diamod pob bywyd dynol, p'un a ydyw'n gorfforol anabl neu â nam meddyliol neu ddeallusol ai peidio. Felly, gwaherddir yn llwyr unrhyw ddefnydd o beirianneg enynnol sy'n ymdebygu i ewgeneg.

Y mae'n argymell hefyd y dylid cwestiynu'r ddealltwriaeth

draddodiadol o iechyd a salwch a'u gweld yn nhermau'r person cyfan, yn hytrach nag yn nhermau nam neu salwch corfforol neu feddyliol yn unig. 'Y mae ymdrechion meddygol yn methu cyflawni'r hyn y'u gelwir i'w wneud os ydynt yn gwneud cleifion yn wrthrychau rhaglenni gwyddonol neu feddygol sy'n gwneud mwy i hyrwyddo clod yr ymchwilwyr yn hytrach nag anghenion y cleifion.'

Y mae'r adroddiad yn cydnabod nad yw Cristnogion yn gytûn ar statws moesol yr embryo. '[Fodd bynnag], y mae cytundeb fod yr embryo o foment y ffrwythloni'n cynrychioli dechrau bywyd dynol ac na ellir ei drin yn fympwyol.'

Yn olaf, y mae'n dadlau dros gyfiawnder iechyd. Y mae hyn yn galw am 'ddosraniad byd-eang mwy cytbwys o adnoddau iechyd … Y mae angen moeseg o hunan-gyfyngu mewn perthynas â systemau gofal iechyd y gwledydd cyfoethog ac ymdrech gyffredin i ddatblygu systemau gofal iechyd sylfaenol yn fyd-eang. Os na all technoleg enynnol gynorthwyo i wneud hyn, ni ddylai gael blaenoriaeth.'[4]

Ar sail yr egwyddorion hyn, y mae'r adroddiad yn croesawu ymchwil enynnol sy'n anelu at gyfoethogi bywyd y tlawd yn ogystal â'r cyfoethog. Ond y mae'n gwrthwynebu unrhyw ymchwil embryonig sydd naill ai'n creu embryonau'n fwriadol ar gyfer ymchwil neu'n dinistrio embryonau, yn gwrthwynebu cynllunio babanod drwy dechnegau genynnol (gan ei fod yn fath ar ewgeneg), gwerthu a phrynu organau dynol i ddibenion meddygol (ac unrhyw ddibenion eraill, wrth gwrs) a chymysgu genomau dynol ac anifeilaidd.[5]

---

4   Gweler Robra, M. (gol.), *Science, Faith & New Technologies: Transforming Life, Volume II: Genetics, Agriculture and Human Life*, 2005, Cyngor Eglwysi'r Byd, gweler http://www.oikoumene.org/fileadmin/files/wcc-main/documents/p4/transforming_life_II.pdf, darllenwyd 15 Tachwedd 2012, tud. 16–21

5   ibid., tud. 22 ymlaen

Ar ddiwedd yr adran helaeth ar beirianneg enynnol mewn amaethyddiaeth y mae'n rhybuddio yn erbyn defnyddio'r beirianneg hon yn y maes hwnnw gan ei fod, yn ôl yr adroddiad, 'yn gwneud llanast o (*messes with*) fywyd, o'r gwirionedd, o'n hetifeddiaeth gyffredin, o gyfiawnder, o'n hiechyd, o hawliau'r tlodion eu hunain, ac o gydberthynas'.[6]

Yr un math ar egwyddorion a welir mewn adroddiad diweddarach gan y Cyngor ar gelloedd bonyn, dan y pennawd, 'Ymchwil celloedd bonyn yng ngwasanaeth bywyd dynol'.[7] Canolbwyntir ar solidariaeth, sef ystyried yr hyn sydd yn dda i'r holl gymuned fyd-eang ac nid yn unig i rai cymunedau oddi mewn i'r ddynolryw gyfan. Er bod yr adroddiad yn mynegi consýrn am gelloedd bonyn sy'n tarddu o embryonau, y mae'n fwy cadarnhaol ynglŷn ag ymchwil a thriniaethau sy'n defnyddio'r mathau eraill o gelloedd bonyn. Ond prif gasgliad yr adroddiad yw fod angen sicrhau 'cyfiawnder iechyd mewn byd toredig': '[Yn ein trafodaethau] safai marwolaeth pobl dlawd a bregus yng ngwledydd tlotaf y byd o afiechydon neu gyflyrau y gellid eu gwella mewn gwrthgyferbyniad dramatig â'r gwariant anferth ar ymchwil a datblygiad celloedd bonyn … A ydyw hyn yn datblygu i fod yn ffurf arall ar dra-arglwyddiaethu neo-drefedigaethol (*neo-colonial*)?'

Felly, i grynhoi, tra bod moesegwyr a diwinyddion, gwyddonwyr ac ymchwilwyr yn y gwledydd cyfoethog yn canolbwyntio, yn bennaf, ar foesoldeb peirianneg enynnol ac ymchwil i gelloedd bonyn o safbwynt ein dealltwriaeth o werth

---

6   ibid., tud. 53 ymlaen
7   gweler Crynodeb Weithredol o gynhadledd a gynhaliwyd yng ngwlad Groeg, 9–11 Tachwedd 2009, ar http://www.oikoumene.org/ru/ informacionnye-istochniki/documents/wcc-programmes/justice-diakonia-and-responsibility-for-creation/science-technology-ethics/ executive-summary-ethical-and-theological-reflection-on-stem-cell-research.html, darllenwyd 29 Ionawr 2012

y bywyd dynol, ei le yn y greadigaeth gyfan a'r manteision meddygol ac economaidd a allai ddeillio o'r ymchwil hon, y mae'r mudiad ecwmenaidd byd-eang yn gweld y cwestiynau hyn o bersbectif cyfiawnder byd-eang, sy'n rhoi mwy o bwyslais ar gyfiawnder i'r tlodion mewn byd anghyfartal nag ar briodoldeb moesol y datblygiadau hyn ynddynt eu hunain. Nid cwestiwn o beth sy'n ddiwinyddol briodol i Gristnogion sy'n sylfaenol yn y cyd-destun hwn, felly, ond beth yw gofynion byw fel Cristnogion mewn solidariaeth â'r ddynolryw gyfan.

Moeseg Economeg a Datblygiad

Y N GEFNDIR I'R bennod hon y mae'r argyfwng ym myd bancio yn ystod y blynyddoedd diwethaf a'r effeithiau enbyd a gafodd yr argyfwng hwnnw ar bob haen o gymdeithas, ar wledydd cyfoethog, datblygedig y byd yn ogystal â'r gwledydd tlotaf. Ond nid gwledydd yn unig sy'n talu'r pris am y methiant a welwyd ym myd economeg a bancio. Bu'n rhaid i unigolion – cyfoethog a thlawd – dalu pris hefyd. Ni fydd y bennod hon yn ymdrin yn fanwl ag achosion ac effeithiau'r argyfwng hwn – nid pennod ar economeg fydd hon. Fodd bynnag, efallai y bydd yr egwyddorion moesol a ddaw i'r golwg yn y bennod yn cynnig rhyw gymaint o ganllawiau ar gyfer ystyried goblygiadau moesol y digwyddiadau a achosodd yr argyfwng.

Y traddodiadau Cristnogol

Mewn erthygl gynorthwyol, y mae David Hay yn amlinellu sawl ffrwd o feddwl Cristnogol diweddar am y byd economaidd.[1] Y mae'n nodi, yn gyntaf, fod traddodiad efengylaidd y bedwaredd ganrif ar bymtheg wedi pwysleisio dwy agwedd ganolog. Gwelent yn gyntaf y byd economaidd (fel pob agwedd arall ar fywyd) o dan reolaeth rhagluniaeth Duw. Gan mai rhagluniaeth Duw sy'n llywodraethu, rhaid i ni fodloni ar fyw o dan ei chysgod, beth

---

1   Hay, D., *Economics*, yn Alister M. McGrath, *Encyclopedia of Modern Christian Thought*, Blackwells, 1995, tud. 134 ymlaen

bynnag a ddaw, a dioddef y canlyniad fel rhan o fwriad Duw ar ein cyfer. Yn ail, y mae'n awgrymu bod y traddodiad hwn yn gweld argyfwng economaidd fel ymyrraeth gan Dduw (ac efallai fel cosb). Felly, unwaith eto, rhaid derbyn effeithiau'r argyfwng a'i weld fel cyfle i ni edifarhau a dewis ffordd arall.

Y mae'r ail draddodiad y mae Hay'n tynnu sylw ato yn y pegwn arall i'r traddodiad efengylaidd. Y mae Cristnogaeth sosialaidd yn seiliedig ar ddiwinyddiaeth yr ymgnawdoliad. Gan fod Duw wedi dod yn ddyn yn Iesu Grist, y mae Duw ar waith mewn cymdeithas i drawsnewid y gymdeithas ar ffurf Teyrnas Dduw yn Iesu Grist ac yn galw dynion a merched i rannu gyda Duw yn y dasg radical o drawsffurfio cymdeithas ar ddelw'r Deyrnas. Yn gyffredinol, roedd y traddodiad hwn yn gweld mai brawdgarwch a chydweithrediad yn hytrach na chystadleuaeth oedd yr egwyddor sylfaenol, a bod cael gwaith i'w gyflawni ac incwm i gynnal teulu ag urddas yn fraint ac yn hawl i bob person. Yn wir, gwelid hyn fel mater o gyfiawnder cynhenid. Er mwyn cyflawni'r nod sylfaenol hwn o gyfiawnder i bob person, y mae cyfrifoldeb moesol ar bob llywodraeth ym mhob sefyllfa i ymgyrraedd at y nod hwn. Cododd y traddodiad hwn yn bennaf oddi mewn i'r traddodiad Anglicanaidd a'r traddodiadau anghydffurfiol ar ddiwedd y bedwaredd ganrif ar bymtheg a dechrau'r ugeinfed ganrif.

Y mae'n ddiddorol fod traddodiad gwahanol eto, sef traddodiad moesol yr Eglwys Gatholig Rufeinig, o ddiwedd y bedwaredd ganrif ar bymtheg ymlaen hyd ail Gyngor y Fatican (a gynullwyd dros hanner canrif yn ôl, ym 1962) wedi mabwysiadu egwyddorion moesol tebyg iawn. Pwyslais y traddodiad hwn yw cyfiawnder i bawb, hawl a chyfrifoldeb pawb i gyfranogi mewn cymdeithas, a hawliau economaidd sylfaenol i bob person. Enghraifft dda o'r traddodiad moesol hwn yw'r llythyr a anfonwyd at yr eglwys babyddol gan Esgobion yr Unol

Daleithiau ym 1986 (tua ugain mlynedd ar ôl i ail Gyngor y Fatican gyhoeddi ei adroddiadau). Y mae'r llythyr hwnnw'n pwysleisio cyfrifoldeb yr Eglwys i ddiwallu anghenion sylfaenol y tlodion mewn cymdeithas a hyrwyddo cyfranogiad llawnach y bobl sydd ar ymylon cymdeithas mewn penderfyniadau cymdeithasol a gwleidyddol sy'n effeithio arnynt. Ond gwelai'r esgobion hefyd fod cyfrifoldeb ar yr Eglwys i geisio sicrhau bod buddsoddion yn cael eu cyfeirio'n bennaf nid at gynyddu elw personol ond tuag at les y tlodion a'r effaith ar deuluoedd. A thra bod y traddodiad efengylaidd y soniwyd amdano uchod wedi tueddu i dderbyn sefyllfa economaidd pobol fel tynged rhagluniaeth y mae'r esgobion yn cymell ymyrryd mewn polisïau economaidd er mwyn creu cymdeithas wâr a chyfiawn.

Moeseg Economaidd–gymdeithasol Ecwmenaidd

Cyngor Eglwysi'r Byd fu'r prif offeryn yn y dasg o ddatblygu moeseg gymdeithasol ecwmenaidd sydd wedi cymryd i ystyriaeth anghenion y gymuned fyd–eang a rhyngddibyniaeth y ddynolryw ar ei gilydd. Bydd gweddill y bennod hon yn canolbwyntio ar adolygu'r datblygiadau ecwmenaidd hyn.

Cyn ffurfio Cyngor Eglwysi'r Byd (ym 1948) bu cynadleddau rhyngwladol yn ystyried seiliau moeseg Gristnogol gymdeithasol a hynny'n bennaf o dan nawdd y mudiad Bywyd a Gwaith. Yn y cyfnod yn dilyn y Rhyfel Byd Cyntaf a'r dirwasgiad economaidd a'i dilynodd yr oedd gan arweinwyr y mudiad ecwmenaidd ifanc a dyfodd allan o Gynhadledd Caeredin ym 1910 gonsýrn am gyflwr economaidd a chymdeithasol y byd. Roedd y gwledydd diwydiannol mewn argyfwng ac yr oedd hyn yn cael effeithiau tra andwyol ar sefyllfa economaidd gwledydd a oedd yn ddibynnol arnynt am gynhaliaeth economaidd. Cryfhaodd y gystadleuaeth rhwng Marcsiaeth a chyfalafiaeth i fod yn drefn ideolegol a allai fod yn sail i'r adferiad economaidd yr oedd mawr angen amdano. Un o'r cynadleddau mwyaf creiddiol a dylanwadol yn y maes hwn oedd Cynhadledd Rhydychen ym 1937 a saernïwyd yn bennaf dan ddylanwad J. H. Oldham – ysgrifennydd Cynhadledd Caeredin bymtheg mlynedd ynghynt. Y mae Abrecht yn amlinellu'r tair brif ddealltwriaeth o seiliau diwinyddol moeseg gymdeithasol Gristnogol a gyflwynwyd i'r gynhadledd gan Oldham fel hyn:[2]

Yn gyntaf, y mae moeseg Gristnogol sy'n seiliedig ar egwyddorion sy'n tarddu o ddysgeidiaeth y Testament Newydd, yn fwyaf arbennig y Bregeth ar y Mynydd, ac sy'n cynrychioli safbwynt Cynhadledd Stockholm [*ar yr un themâu*] ym 1925. Yn ail, moeseg iachawdwriaeth bersonol – sy'n ddrwgdybus o 'raglenni cymdeithasol Cristnogol' – … oedd yn honni na ellid uniaethu'r foeseg Gristnogol â'r Bregeth ar y Mynydd. Felly, yn ôl yr Athro Emil Brunner: 'Nid oes gan yr Eglwys Gristnogol hawl i lunio rhaglen gymdeithasol, gan nad ei gwaith yw sefydlu unrhyw fath ar system. Y mae'n amheus a ddylem sôn o gwbwl am foeseg Gristnogol.' Yn drydydd, moeseg Gristnogol sy'n canoli ar gyfiawnder ac sy'n tarddu o'r gorchymyn i garu. Roedd yr agwedd yn pwysleisio cenhadaeth broffwydol yr Eglwys mewn perthynas â'r teulu, y genedl, y wladwriaeth, economeg a diwylliant.

Yn ôl Abrecht, er na fu i Gynhadledd Rhydychen fabwysiadu unrhyw un o'r rhain yn swyddogol, 'y mae'n amlwg fod y trydydd wedi dylanwadu'r fawr ar y gynhadledd ac ar y meddwl moesol Cristnogol yn y blynyddoedd dilynol.'

Mewn gwirionedd, fe fu adroddiad Cynhadledd Rhydychen yn dra beirniadol o'r drefn economaidd a oedd yn bodoli yn y cyfnod rhwng y ddau ryfel byd am ei bod 'yn herio'r

---

2 Abrecht, P., *Ecumenical Social Thought and Action,* yn Fey, H. E., *A History of the Ecumenical Movement: 1948–68*, Cyhoeddiadau CEB, 1970, tud. 239 ymlaen

ddealltwriaeth Gristnogol o ddyn a chymdeithas'. Awgrymodd fod y system bresennol yn herio'r meddwl Cristnogol mewn pedair ffordd: 'drwy gymell casglu eiddo personol, drwy greu anghyfartaledd cymdeithasol, drwy ei meddiant anghyfrifol o rym economaidd a thrwy osod rhwystrau ar ffordd yr ymdeimlad o alwad Gristnogol.[3]

Yn y cyfnod hwn hefyd, wrth gwrs, yr oedd Natsïaeth a chomiwnyddiaeth yn cynyddu mewn grym yn Ewrop. Felly gwnaeth y gynhadledd ddatganiad cryf o blaid sofraniaeth Duw dros fywyd cyfan, sofraniaeth a oedd yn herio unrhyw wladwriaeth a oedd yn hawlio iddi'i hun yr awdurdod terfynol: 'Gan ein bod yn credu yn y Duw sanctaidd fel ffynhonnell cyfiawnder, nid ydym yn ystyried y wladwriaeth fel ffynhonnell derfynol cyfraith ond yn hytrach yn warchodwr y gyfraith. Nid yw'n arglwydd cyfiawnder ond yn was iddo. Ni all fod awdurdod terfynol i'r Cristion ond y gwir Dduw.'

Yn y cyfnod hwn, yn union cyn yr Ail Ryfel Byd, y daethpwyd i gytundeb – i raddau helaeth o ganlyniad i'r cynadleddau hyn a chynadleddau eraill mewn meysydd eraill – i ffurfio Cyngor Eglwysi'r Byd. Ond bu raid gohirio sefydlu'r Cyngor tan ar ôl y rhyfel. Felly, yn gynnar iawn yn hanes y Cyngor, awgrymwyd fframwaith 'y gymdeithas gyfrifol' i adlewyrchu agweddau ar y ddealltwriaeth oedd yn tarddu o Gynhadledd Rhydychen. Dyma oedd un o gyfraniadau Cymanfa Gyntaf y Cyngor yn Amsterdam ym 1948.[4] Yn ôl adroddiad y Gymanfa honno, 'Y mae gosod trefn gyfannol a bwriadus i gymdeithas bellach wedi dod yn anghenraid hollbwysig.' A gwelwyd y syniad o 'gymdeithas gyfrifol' fel fframwaith addas ar gyfer hyn, fframwaith a ddiffiniwyd yn y termau canlynol:

---

3   ibid., tud. 240
4   ibid., tud. 241

Y mae dyn wedi ei greu a'i alw i fod yn fod rhydd, yn gyfrifol i Dduw a'i gymydog. Y mae unrhyw duedd mewn cymdeithas i rwystro dyn rhag y posibilrwydd o weithredu'n gyfrifol yn gwadu bwriad Duw ar gyfer dyn a gwaith iachawdwriaeth. Y mae cymdeithas gyfrifol yn un lle mae rhyddid yn rhyddid pobol sy'n cydnabod cyfrifoldeb am gyfiawnder a threfn gyhoeddus, a lle mae'r rhai sydd ag awdurdod gwleidyddol neu rym economaidd yn gyfrifol i Dduw a'r rhai y bydd eu lles yn cael eu heffeithio ganddynt am arfer [yr awdurdod a'r grym hwn] … Os yw cymdeithas am fod yn gyfrifol mewn amgylchiadau cyfoes y mae'n ofynnol fod gan bobl ryddid i reoli, i feirniadu ac i newid eu llywodraethau, fod grym yn rym cyfrifol a hynny ar sail cyfraith a thraddodiad, ac yn cael ei ddosbarthu mor eang â phosibl drwy'r holl gymuned. Y mae'n ofynnol fod cyfiawnder economaidd a sicrhau cyfle teg yn cael eu sefydlu [fel egwyddorion] ar gyfer pob aelod o gymdeithas.

Yng Nghymanfa 1954 (yn Evanston) awgrymwyd nad system wleidyddol newydd oedd y syniad o gymdeithas gyfrifol ond modd 'i farnu pob trefn gymdeithasol a safon i'n cyfarwyddo yn y dewisiadau penodol y mae'n rhaid i ni eu gwneud'.[5] 'Gelwir Cristnogion i fyw'n gyfrifol, i fyw mewn ymateb i weithred achubol Duw yng Nghrist, mewn unrhyw gymdeithas, hyd yn oed oddi fewn i'r strwythurau cymdeithasol mwyaf anffafriol.'

Sylw Abrecht yw fod y fframwaith hwn wedi bod yn ddefnyddiol i lawer o eglwysi yn y Gorllewin yn y blynyddoedd wedi'r Ail Ryfel Byd pan oedd gwrth-gomiwnyddiaeth yn elfen gref mewn llawer traddodiad Cristnogol, ond nad oedd wedi cael derbyniad yng ngwledydd y Trydydd Byd lle roedd awydd am syniadau moesol a oedd yn fwy perthnasol i'r 'amodau cymdeithasol deinamig yr oedd pobl yn byw ynddynt'.

Ond roedd yn rhaid aros tan 1966 cyn i'r Cyngor gynnull

---

5   ibid., tud. 242

cynhadledd arbennig i ystyried materion yn ymwneud â'r Eglwys a'r Byd. Y gyntaf o bedair thema'r gynhadledd honno oedd: Datblygiad Economaidd o bersbectif Byd-eang. Canlyniad hyn oedd i'r thema hon fod yn fater o gonsýrn sylfaenol yn yr eglwysi. Un o brif gonglfeini'r agwedd hon o'r gynhadledd oedd cyflwyno dealltwriaeth newydd a chyflawn o obeithion a phryderon gwledydd oedd yn datblygu, y cyfraniad a ddisgwylid gan wledydd cyfoethocach, a'r newidiadau a ddisgwylid yn strwythurau economaidd a gwleidyddol y byd os oedd cynnydd economaidd i'w sicrhau.[6] Ym 1967 cyhoeddwyd yr *encyclical Populorum Progressio*, a oedd yn cefnogi'r un math ar amcanion â chynhadledd Genefa, ac arweiniodd hyn at ffurfio SODEPAX[7] ar y cyd rhwng y Cyngor a'r Eglwys Gatholig Rufeinig.

O ganlyniad i hyn oll daeth datblygiad y gwledydd tlawd a swyddogaeth y gwledydd cyfoethog yn un o brif themâu'r mudiad ecwmenaidd yn y cyfnod hwn. Felly, y mae datganiad gan Gynhadledd Cyngor Eglwysi'r Byd yn Uppsala ym 1968 yn cyhoeddi: 'Y mae datblygiad byd-eang effeithiol yn gofyn am newidiadau radical mewn sefydliadau a strwythurau ar dair lefel: oddi mewn i'r gwledydd sy'n datblygu, oddi mewn i'r gwledydd datblygedig ac yn yr economi ryngwladol … Ar yr holl lefelau hyn y mae'n angenrheidiol cychwyn proses gymdeithasol ac economaidd gyda deinamig newydd mewn solidariaeth ddynol a chyfiawnder.'[8]

Cafodd hyn i gyd ddylanwad ar Gymru hefyd. Er enghraifft, cynhaliwyd cynhadledd ecwmenaidd yng Nghaerfyrddin ym 1970 gyda'r amcan o ystyried goblygiadau Cynhadledd Genefa

---

6   ibid., tud. 253
7   The Society, Development and Peace Joint Committee
8   Cymanfa Uppsala (1968), Adroddiad Adran III (Cyhoeddiadau CEB, Genefa, 1968), dyfynnwyd o Abrecht (1970), tud. 253

ym 1966 yng Nghymru.[9] Ymhlith casgliadau eraill, sylweddolwyd bod 'ehangder, cyflymdra a chymhlethdod y newidiadau sy'n digwydd mewn cymdeithas yn mynnu bod yr eglwysi yn ailystyried cyfrifoldeb cymdeithasol Cristnogol ac yr ydym yn argyhoeddedig y dylid ymgymryd â'r astudiaeth hon gyda'n gilydd' a hynny yn wyneb mesur helaeth o gytundeb rhwng yr eglwysi ar faterion cymdeithasol, economaidd, gwleidyddol a moesol. Fel y gwelwn, cafodd y gynhadledd hon a'r cytundeb hwn ddylanwad pwysig ar ymwneud yr eglwysi yng Nghymru â materion moesol a oedd yn berthnasol i economeg gymdeithasol yng Nghymru.

Ar lefel fyd-eang, fodd bynnag, cafodd beirniadaeth eglwysi'r Trydydd Byd o fframwaith 'y gymdeithas gyfrifol' effaith greadigol ar drafodaethau Cyngor Eglwysi'r Byd ar y materion hyn. Bwydodd nifer o ffrydiau i mewn i'r llif creadigol hwn. Yn eu plith yr oedd yr angen cynyddol yn y mudiad ecwmenaidd byd-eang am gydnabod cri'r gwledydd tlotaf nid yn gymaint am gymorth ond am gyfiawnder, am drawsnewid radical yn y gyfundrefn economaidd fyd-eang er mwyn galluogi'r gwledydd hyn i gyfranogi'n llawnach yn y broses o gynllunio ac adeiladu eu dyfodol eu hunain. Elfen arall hollbwysig oedd sylweddoli bod llawer o'r anghyfiawnder economaidd a chymdeithasol a oedd yn llesteirio datblygiad y gwledydd hyn yn ffrwyth gwrthdaro a rhyfeloedd cenedlaethol a rhyng-genedlaethol. Roedd y rhain yn tanseilio unrhyw dwf economaidd ac yn cyfrannu at chwalfa gymdeithasol mewn aml sefyllfa. Yn y cyfan hyn, hefyd, yr oedd angen am bersbectif tymor hir: roedd angen ceisio sicrhau bod unrhyw dwf economaidd ac unrhyw drawsffurfiad cymdeithasol yn barhaol ac yn gynaladwy, yn hytrach nag yn gynnydd tymor

---

9 Am fanylion y datblygiadau hyn yng Nghymru, gweler Davies, N. A., *Un er Mwyn y Byd*, Cytûn, 1998, tud. 89 ymlaen

byr tra parhâi'r cymorth a'r gefnogaeth ryngwladol. Ffurfiwyd
y comisiwn ar Gyfranogiad yr Eglwysi mewn Datblygiad
gan Gyngor Eglwysi'r Byd ym 1970 ac, yn ôl Lewis Mudge,
'(D)aeth agwedd "pobl-ganolog" i nodweddu trafodaethau
ecwmenaidd ar ddatblygiad,"[10] a hynny i raddau oherwydd
bod 'God's preferential option for the poor' wedi dod yn
un o arwyddeiriau'r ymdrech fyd-eang dros gyfiawnder i'r
tlodion.

Yn ystod yr un cyfnod, cafodd rhai o adroddiadau Ail
Gyngor y Fatican ddylanwad hollbwysig, nid yn unig oddi
mewn i'r Eglwys Babyddol, ond yn y mudiad ecwmenaidd ei
hun. Yr adroddiad mwyaf dylanwadol oedd hwnnw ar yr eglwys
yn y byd cyfoes, *Gaudium et Spes* (1965). Dros y blynyddoedd
nesaf, cafodd y dylanwadau hyn ac ymrwymiad rhai offeiriad
a diwinyddion pabyddol, megis Gustavo Guttiérez, i'r dasg
o wreiddio'r Eglwys ym mywyd ac argyfyngau'r cymunedau
tlawd, yn fwyaf arbennig mewn gwledydd yn America Ladin
megis Brasil. Canlyniad hyn oedd datblygu, yn bennaf drwy
Guttiérez yn y lle cyntaf, ddiwinyddiaeth rhyddhad oedd
yn defnyddio dadansoddiadau Marcsaidd i ddehongli'r hyn
a oedd yn digwydd i'r tlodion ac i gyflwyno beirniadaeth
gymdeithasol, economaidd a gwleidyddol lem ar gyfundrefnau
cenedlaethol a rhyng-genedlaethol a oedd yn parhau'r rhaniad
anghyfiawn rhwng tlawd a chyfoethog ac yn cadw'r tlawd yn
dlawd. Daeth ysgogi newid cymdeithasol ac economaidd yn
rhan allweddol o amcan a nod y ddiwinyddiaeth hon. Yng
ngeiriau Guttiérez ei hun, 'Y nod yw nid yn unig amodau
byw gwell, newid radical mewn strwythurau, chwyldro
cymdeithasol; y mae'n llawer mwy: y mae'n fater o greu, yn

---

10 Mudge, L., *Ecumenical Social Thought*, yn Briggs, J. *et al.*, *A History of the
    Ecumenical Movement, 1968–2000*, Cyhoeddiadau CEB, Genefa, 2004,
    tud. 287

barhaol ac yn ddiddiwedd, ffordd newydd o fod yn ddynol, chwyldro diwylliannol parhaol.'[11]

Cyfrannodd yr holl elfennau hyn tuag at lunio fframwaith deallusol a gweithredol newydd, 'Tuag at Gymdeithas Gyfiawn, Gyfranogol a Chynaladwy' (*Towards a Just, Participatory and Sustainable Society, JPSS*) gan Gymanfa Cyngor Eglwysi'r Byd yn Nairobi ym 1975. Roedd y fframwaith hwn yn ceisio sicrhau bod y sawl a oedd yn dal i fod yn gaeth i dlodi ac anghyfiawnder yn cael cyfranogi yn y prosesau hynny a fyddai'n cyfrannu at eu rhyddhau o'r caethiwed enbydus hwn. Diwinyddiaeth Teyrnas Dduw oedd yn ganolog i'r meddwl hwn. Ond yn y cyfnod nesaf daeth pwyslais pellach i ganol y trafodaethau hyn, sef effaith yr argyfwng amgylcheddol ar dynged y bobl a'r gwledydd a oedd yn byw mewn tlodi. Yn chweched Cymanfa'r Cyngor yn Vancouver ym 1983 aethpwyd gam ymhellach, felly, a lansio'r rhaglen 'Cyfiawnder, Heddwch a Chyfanrwydd y Greadigaeth' (*Justice, Peace and the Integrity of Creation, JPIC*), a fyddai'n cyfuno'r holl agweddau hyn ac yn cynnig fframwaith diwinyddol, deallusol, moesol a gweithredol ar gyfer y cyfnod dilynol.

Nid dyma'r lle i gynnig beirniadaeth fanwl ar y rhaglen hon a'i heffeithiolrwydd yn ystod y blynyddoedd sydd wedi dilyn. Digon yma yw nodi, beth bynnag ei chryfderau a'i gwendidau, fod yma neges foesol bwysig, sef na ellir gwahanu, yn y meddwl Cristnogol, gyfiawnder economaidd a chymdeithasol, yr ymdrech genedlaethol a rhyngwladol o blaid heddwch a chymod, a'r ymgyrchu dros warchod yr amgylchedd rhag y bygythion y mae llawer o'r cynnydd economaidd personol, cymunedol a rhyngwladol yn eu creu. Hynny yw, nid yw'n

---

11 Gutiérrez, G., *A Theology of Liberation: History, Politics and Salvation*, cyfieithwyd a golygwyd gan y Chwaer Caridad Inda a John Eagleson, Llyfrau Orbis, 1988, tud. 21

bosibl datblygu egwyddorion moesol Cristnogol syml yn y meysydd hyn gan fod cynifer o elfennau gwahanol (sy'n medru gwrthdaro yn erbyn ei gilydd) ar waith. Mewn sefyllfa fel hon y mae'n amhosibl meddwl yn nhermau egwyddorion moesol digyfnewid sy'n addas ym mhob sefyllfa (fel y byddai deddf naturiol, yn ôl rhai dehongliadau ohoni, yn dymuno'u gweld). Yn hytrach, y mae'n rhaid i'n moesoldeb dyfu o'r ymgom greadigol ddiwinyddol gyson rhwng y dystiolaeth Feiblaidd a realaeth cyflwr y ddynolryw a'r bygythion i'n planed.

Agweddau ar Foeseg Economaidd-gymdeithasol yng Nghymru

Cawn orffen yr ymgais hon i ystyried sut mae dod i benderfyniadau moesol ym maes economeg a datblygiad drwy ystyried sut y trafodwyd y materion hyn yng Nghymru yn ystod y blynyddoedd diwethaf.[12] Bu materion tlodi a ffyniant economaidd yn ganolog yn y mudiad ecwmenaidd yng Nghymru o'r cychwyn cyntaf. Ond daethant yn amlycach o ganlyniad i'r gynhadledd a gynhaliwyd yng Nghaerfyrddin ym 1970. Ar hyd y blynyddoedd, bu Cyngor Eglwysi Cymru a'i olynydd, Cytûn, yn ystyried materion megis cyflwr economaidd Cymru, y dirywiad diwydiannol, diweithdra, newidiadau cymdeithasol mewn ardaloedd trefol, diwydiannol a gwledig yn ogystal â thlodi yng Nghymru yng nghyd-destun tlodi byd-eang. Ym 1996, cyhoeddodd Cytûn adroddiad cynhwysfawr ar y materion hyn dan y teitl, *Cymru: Cymdeithas Foesol*.[13] Da yw deall, wrth imi lunio'r sylwadau hyn, fod Cytûn wedi penderfynu ailymweld

---

12 Am ystyriaeth lawnach o'r materion hyn, gweler Davies, N. A., *Un er Mwyn y Byd*, Cytûn, 1998, tud. 99 ymlaen a Davies, N. A., *Perspectives on Prosperity: A Study of Welsh Ethical Approaches* yn Platten, S. (gol.), *Crucible*, Hydref–Rhagfyr 2006, Gwasg Palmer, tud. 14 ymlaen

13 Davies, N. A. a Williams, R., *Cymru: Cymdeithas Foesol?: Ymateb ecwmenaidd i rai cwestiynau moesol yng Nghymru*, Cytûn, 1996

â'r pynciau yn yr adroddiad hwn, gan fod cyflwr Cymru wedi newid yn sylweddol ers 1996 ac felly, fod angen ystyried unwaith eto pa werthoedd moesol sy'n addas ar gyfer y cyfnod presennol.

Ystyriwn y materion hyn yn bennaf yn nhermau'r ddealltwriaeth Gristnogol o ffyniant personol a chymdeithasol. Un o brif amcanion unrhyw ymgais at drawsffurfiad cymdeithasol sy'n cymryd i ystyriaeth anghyfiawnder economaidd a chymdeithasol yw ffyniant personol (*personal prosperity*). Nod gweithgarwch dyngarol yn ogystal â chwyldro diwylliannol ac economaidd yw cynnig i bobl sy'n gaeth i anghyfiawnder o unrhyw fath bosibilrwydd o fywyd ffyniannus iddynt hwy a'u teuluoedd. Dyma un modd o ddeall 'y ffordd newydd o fod yn ddynol' y soniodd Guttiérez amdani. Ac y mae yn un elfen, a dweud y lleiaf, yn y ddealltwriaeth Gristnogol o'r 'bywyd yn ei holl gyflawnder' y mae Efengyl Ioan (10:10) yn sôn amdano. Sut mae moeseg Gristnogol yn dehongli'r ffyniant dynol hwn?

Gallwn gynnig sawl persbectif mewn ymateb i'r cwestiwn hwn.[14] Yn gyntaf, ni ellir cynnig mesur absoliwt o ffyniant economaidd. Y mae bob amser yn ddibynnol ar y cyd-destun, yn berthynol ac yn agored i newid. Y mae'n dibynnu ar y cyd-destun oherwydd bod yn rhaid mesur ffyniant yn nhermau amodau personol, cymunedol, cymdeithasol ac economaidd unrhyw gymdeithas benodol ar unrhyw adeg. Y mae'n berthynol am fod mesurau eraill megis lefel gyffredinol incwm personol a chenedlaethol, lefelau tlodi a chyfoeth mewn cymdeithas, a blaenoriaethau a disgwyliadau cymdeithas arbennig yn penderfynu sut mae ffyniant yn cael ei ystyried a'i fesur yn y gymdeithas honno. Y mae'n agored i newid gan fod y disgwyliadau a'r blaenoriaethau hyn yn newid yn gyson wrth i amgylchiadau cymdeithasol ac economaidd newid.

---

14 Y mae'r adran hon yn seiliedig ar ddiweddglo'r erthygl a ymddangosodd yn *Crucible* yn 2006, tud. 20 ymlaen (gweler uchod)

Yn ail, y mae'r ddealltwriaeth Gristnogol o ffyniant wedi ei gwreiddio yn yr ymgnawdoliad. Rhodd ydyw gan y Duw sydd wedi ei uniaethu ei hun â'r ddynolryw yn Iesu, gan gymryd i mewn i'w fodolaeth ei hun bosibiliadau a chyfyngiadau bod yn ddynol. Rhodd ydyw y gall pobl ei thrysori a'i meithrin drostynt eu hunain gyda'u chwiorydd a'u brodyr, neu y gallant ei chamddefnyddio a'i hecsbloetio i'w mantais eu hunain ac er anfantais i eraill. Ond y mae seilio ffyniant ar yr ymgnawdoliad hefyd yn pwysleisio bod ymwneud â'n gilydd yn ganolog. Ni all ffyniant fod yn syniad damcaniaethol yn unig. Rhaid iddo fod yn realiti ym mywyd Cristnogion wrth iddynt ymwneud â rhai o bynciau creiddiol eu dydd. Caiff dirnadaeth foesol ei llunio gan gyd-destun ein hymwneud moesol â'n gilydd ac â'n cymdeithas.

Yn drydydd, felly, fel y gwelsom eisoes, y mae cyfiawnder yn ganolog i ffyniant. Y mae'r weledigaeth Feiblaidd o *shalom*, heddwch a chyfiawnder, yn sylfaenol i ffyniant personol a chymdeithasol. Diffiniwyd *shalom* gan un o adroddiadau Cyngor Eglwysi Cymru, *Towards a Contemporary Theology of Work*, fel 'the harmonious interweaving of responsibility and pleasure in, with and for each other'.[15] Gwelwyd y syniad hwn yn nhermau'r fframwaith y soniwyd amdano eisoes, sef proses Cyngor Eglwysi'r Byd: Cyfiawnder, Heddwch a Chyfanrwydd y Greadigaeth. Un o egwyddorion sylfaenol yr adroddiad hwnnw oedd na ellir meddwl am ffyniant heb gyfiawnder nid yn unig i'r sawl sydd mewn tlodi yng Nghymru ond hefyd i holl dlodion y ddaear. Y mae gwir ffyniant yn cynnwys cyfiawnder i bawb.

Y mae hyn yn arwain at bedwaredd agwedd ar ffyniant, sef na ellir ei fesur yn unig mewn termau ariannol. Yng ngwaith Cyngor Eglwysi Cymru ym maes diwydiant a diweithdra yn yr 1980au,

---

15 Ballard, P. H., *Towards a Contemporary Theology of Work*, Canolfan Ddiwinyddiaeth Golegol, Coleg y Brifysgol, Caerdydd (diddyddiad), tud. 56

daeth y syniad o 'gost gymdeithasol' neu 'gost gyfan' i'r amlwg. Y mae'r cysyniadau hyn yn tynnu sylw at ffyniant personol, cymunedol a chymdeithasol yn ogystal â ffyniant economaidd. Ni ellir dod i benderfyniadau ynglŷn â ffyniant mewn termau economaidd yn unig, ond rhaid eu seilio ar ddealltwriaeth gyfannol o gymdeithas. Credai'r Cyngor fod methiant i gydnabod hyn yn ganolog i benderfyniadau economaidd a fu'n achos chwalfa gymdeithasol yng Nghymru yn ystod y ganrif a aeth heibio. Rhaid i ffyniant fynd i'r afael â'r darnio sy'n digwydd ym mywyd unigolion, teuluoedd a chymunedau, a rhaid iddo gynnig ymdeimlad o gyfanrwydd ac iachâd, gan adfer gobaith a'r ymdeimlad fod gan bobl reolaeth dros eu bywydau eu hunain, eu dyfodol a'u tynged. Yng ngeiriau'r adroddiad, *Cymru: Cymdeithas Foesol?*, rhaid iddo gynnwys posibiliadau am 'berthynas, creadigrwydd, anhunanoldeb a deallusrwydd'[16] i fodau dynol sydd wedi eu creu 'ar ddelw Duw' (Genesis 1:26).

Ond, wrth gwrs, ni ellir anwybyddu agweddau economaidd. Y mae sefyllfa economaidd ddiweddar Cymru a'r Deyrnas Unedig yn ogystal â'r sefyllfa economaidd fyd-eang yn mynnu bod angen ystyried yr her economaidd. Ni allwn fel Cristnogion hybu ffyrdd o greu cyfoeth sy'n anelu at sicrhau cyfoeth i gyfranddeiliaid yn hytrach nag i'r gymuned gyfan, na choleddu cymhellion economaidd sy'n methu herio'r hunanoldeb materol sy'n dal i arglwyddiaethu dros gynifer o benderfyniadau economaidd ein dydd. Clywais rywun yn holi'r Foneddiges Shirley Williams yn ddiweddar (ar raglen *Question Time*) a ellid cyfiawnhau'r ymdrech ddiatal i gynhyrchu twf economaidd cenedlaethol a rhyng-genedlaethol. Ateb Shirley Williams oedd ei bod yn dibynnu'n hollol ar amcanion y twf: ni ellir creu byd cyfiawn oni bai fod twf economaidd yn medru ariannu'r ymdrechion a'r strwythurau byd-eang a lleol a fydd

16 Davies a Williams, *Cymru: Cymdeithas Foesol*, 1996, tud. 7

yn medru saernïo'r byd cyfiawn y breuddwydiwn amdano. Yr her, wrth gwrs, yw darganfod ffyrdd o weithredu'n foesol yn y cyd-destun economaidd-gymdeithasol sy'n gorfod dewis rhwng strwythurau haearnaidd a gorthrymus byd-eang ar y naill law a rhyddid creadigol (ond sy'n debygol o fod yn anghyfiawn) y farchnad rydd ar y llaw arall. Yng ngeiriau Brown: sut mae dod o hyd i fodel o gyfiawnder dosraniadol mewn byd o blwraliaeth nad yw'n cynnwys gorfodaeth (*coercion*) ar y naill law nac yn esgeuluso'r tlodion ar y llaw arall? [17]

Rhaid cloi pennod sydd wedi ystyried her anghyfiawnder economaidd y can mlynedd diwethaf drwy atgoffa ein gilydd nad ydym, fel Cristnogion, ar waetha'r cyfan a ddywedwyd, heb obaith. Nid optimistiaeth yw'r gobaith Cristnogol. Yn yr Hen Destament a'r Testament Newydd, y mae lleisiau sy'n tystio i'r Duw sy'n cynnig gobaith, oddi mewn a thu hwnt i realaeth presennol ein bywyd dynol. Y dasg foesol Gristnogol – yn yr argyfwng economaidd presennol, er enghraifft – yw ceisio dirnad yn holl gymhlethdod y sefyllfa gymdeithasol ac economaidd beth yw gofynion ac addewidion Duw, sut mae rhoi mynegiant i farn Duw ar yr hyn sy'n digwydd a sut mae mynd ati, gydag eraill, i saernïo strwythurau o gyfiawnder ar gyfer unigolion a chymdeithas. Gwnawn hynny yn y gobaith hyderus fod yr adnewyddiad moesol, dwyfol hwn yn bosibl ym mhob oes a chyfnod er mor anodd y mae'n debygol o fod.

---

17 Brown, M., *Tensions in Christian Ethics: An Introduction*, SPCK, 2010, tud. 184

Moeseg Ecolegol

A R UN OLWG nid dwy bennod ar wahân ddylai hon a'r bennod flaenorol fod, gan nad yw, mewn gwirionedd, yn bosibl rhannu cwestiynau economaidd oddi wrth gwestiynau ecolegol. Y mae'r naill a'r llall yn ceisio dirnad sut yr ydym i fyw fel bodau dynol mewn perthynas gyfiawn â'n gilydd mewn byd a bydysawd yr ydym oll yn ddibynnol arnynt ac sydd dan fygythiad oherwydd ymddygiad dynol. Y cydblethu hwn rhwng ecoleg ac economeg yw un o'r cymhellion dros raglen gyfredol Cyngor Eglwysi'r Byd, 'Tlodi, Cyfoeth ac Ecoleg: Effaith Globaleiddio Economaidd'. Yn ôl y cyflwyniad i'r rhaglen hon: 'Trwy'r globaleiddio economaidd hwn, y mae strwythurau masnach ac arian yn lledu'r gagendor rhwng y cyfoethog a'r tlawd, gan greu bygythion i heddwch byd-eang ac i'r ddaear.'[1] Dychwelwn at rai o'r agweddau hyn yn nes ymlaen yn y bennod hon.

Yr Argyfwng Ecolegol

Cynsail y bennod hon yw ein bod yn byw mewn cyfnod o argyfwng ecolegol. Nid dyma'r lle i ddadlau'r achos dros yr honiad hwn. Y mae adroddiadau rhyngwladol cynhwysfawr, arbenigol ac awdurdodol wedi eu cyhoeddi dros yr ugain

---

1   Gweler gwefan Cyngor Eglwysi'r Byd ar http://www.oikoumene.org/
    en/programmes/justice-diakonia-and-responsibility-for-creation/eco-
    justice/poverty-wealth-and-ecology.html, darllenwyd 16 Hydref 2012

mlynedd diwethaf sy'n dadlau'r achos gwyddonol.[2]   Ond gellir nodi'n fyr yn unig rai o brif arwyddion y newidiadau yr honnir sy'n cyfrannu at yr argyfwng hwn.

Honnir bod tymheredd cyffredinol y blaned hon yn graddol gynyddu drwy gynhesu hollgynhwysol. Canlyniad y cynhesu hwn yw lleihad yn y capanau rhew yn yr Arctig a'r Antarctig. Canlyniad hynny yw fod tiriogaeth yr arth wen, er enghraifft, yn cyflym grebachu a'i dyfodol dan fygythiad. Canlyniad tebygol arall y lleihau yn y capanau rhew yw fod lefelau'r moroedd yn codi a thiroedd a'r trigolion sy'n byw ar y tiroedd hyn ar ymylon y moroedd (mewn mannau megis Bangladesh ac ynysoedd isel y Môr Tawel, er enghraifft) dan fygythiad difrifol.

Dadleuir mai'r prif reswm dros y digwyddiadau hyn yw newid yn yr hinsawdd ac mai prif achos hyn yw ymddygiad anghyfrifol y ddynolryw, a'r boblogaeth yn y gwledydd datblygedig yn fwyaf arbennig. Y mae gwledydd diwydiannol y byd yn dal i ddibynnu i raddau helaeth ar danwydd sy'n tarddu o ffosilau (megis glo, olew a nwy) sy'n cynhyrchu carbon deuocsid, CO_2 (a nwyon eraill) wrth iddo gael ei losgi i gynhyrchu egni. Y mae'r nwyon hyn yn gyfrifol am greu haenen o nwyon tŷ-gwydr uwchlaw'r ddaear. Y mae hyn yn rhwystro'r gwres a gynhyrchir wrth i belydrau'r haul dreiddio i wyneb y blaned hon rhag dianc yn ôl i'r atmosffer. Hynny yw, fel mewn tŷ gwydr, gan fod y gwres yn cael ei ddal oddi mewn i'r 'tŷ' y mae'r tymheredd yn codi, effaith sydd yn ei thro yn arwain at gynhesu byd-eang.

Y mae cytundeb lled gyffredinol ynghylch yr effeithiau hyn ymhlith gwyddonwyr yn y maes hwn (megis y cannoedd o

---

2   Gweler, er enghraifft, adroddiadau'r Panel Rhyng-lywodraethol ar Newid Hinsawdd (The Inter-governmental Panel on Climate Change, IPCC), 1990, 1995, 2005 a 2007 (ac adroddiad arfaethedig 2014), ar http://www.ipcc.ch/index.htm, 15 Hydref 2012 a gwefan y Gymdeithas Frenhinol (The Royal Society) ar http://royalsociety.org, darllenwyd Tachwedd 2009

wyddonwyr a fu'n rhan o waith meistrolgar yr IPCC dros yr ugain mlynedd diwethaf). Dylem nodi, fodd bynnag, nad yw pawb yn cytuno. Dadleuir, er enghraifft, nad bai'r ddynolryw yw'r cynhesu hwn, nad yw CO_2 (a nwyon cyffelyb) yn gyfrifol am y cynhesu ac mai canlyniad naturiol newidiadau yn yr haul ydyw. A sut bynnag, medd eraill, y mae effeithiau'r newid yn yr hinsawdd yn cael eu gorbwysleisio. Sail y bennod hon yw fod y dadleuon o blaid y newid yn yr hinsawdd a chynhesu byd-eang yn gywir a bod modd i'r gymuned ryngwladol ddod i gytundebau priodol, er enghraifft, i ostwng lefelau nwyon tŷ gwydr megis CO_2 er mwyn gwrthweithio'r effeithiau hyn.

Elfen arall yn y pryder am ddyfodol ecolegol ein planed yw'r newidiadau mewn bioamrywiaeth ar draws y blaned, ymhlith planhigion ac anifeiliaid. Y mae niferoedd enfawr o rywogaethau yn diflannu bob blwyddyn, heb unrhyw obaith iddynt ddychwelyd i'w tiriogaeth drwy brosesau naturiol. Y mae newid yn yr hinsawdd a chynhesu byd-eang yn cyfrannu at y gostyngiad hwn, wrth gwrs, ond y mae ffactorau economaidd, cymdeithasol a gwleidyddol hefyd wedi cyfrannu'n helaeth at y lleihad hwn mewn bioamrywiaeth, megis newidiadau mewn dulliau ffermio, a'r argyfwng bwyd sy'n gorfodi rhai o gymunedau tlotaf y blaned i ddefnyddio tiroedd a fu'n gartref i rai o'r rhywogaethau hyn er mwyn cynhyrchu bwyd.

Honiad y rhai sy'n ymgyrchu yn erbyn y newidiadau bygythiol hyn a'r mudiadau rhyngwladol sy'n cefnogi'r ymgyrchu yw ei bod yn gyfrifoldeb sylfaenol ar y ddynolryw i lunio polisïau rhyngwladol sy'n clymu gwledydd y byd i weithredu ar frys er mwyn gwrthweithio effeithiau'r bygythion hyn. Cawn weld sut y bu i Gyngor Eglwysi'r Byd gyfrannu at y broses hon o geisio sicrhau cytundebau ecolegol rhyngwladol.

Fframweithiau moesol

Wrth ystyried yr argyfwng ecolegol o safbwynt moesol, y cwestiwn canolog yw hwn: a oes seiliau moesol dros weithredu er mwyn adfer y sefyllfa ecolegol hon ac a ydyw'r seiliau hyn yn gydnaws â'r foeseg Gristnogol? Mewn pennod werthfawr, y mae Robert Elliot yn amlinellu pum fframwaith posibl ar gyfer moeseg ecolegol.[3] Y cyntaf yw moeseg ddynol-ganolog. Sail y foeseg hon yw mai bodau dynol yn unig sydd â gwerth moesol. Felly, dylid gwerthuso polisïau ecolegol ar sail eu heffeithiau ar y ddynolryw yn unig. Gellid cymryd agwedd iwtilitaraidd tuag at hyn a dadlau mai'r brif egwyddor (efallai, yr unig egwyddor) wrth wneud penderfyniadau yn y maes hwn yw: a ydy'r weithred hon neu'r polisi hwn yn debygol o gynyddu hapusrwydd mwyafrif y ddynolryw neu gyfrannu at les y mwyafrif?

Yr ail fframwaith y mae'n ei amlinellu yw moeseg anifail-ganolog. Sail y foeseg hon yw fod gan yr holl anifeiliaid (gan gynnwys bodau dynol, wrth gwrs) werth moesol. Cydnabyddir na ellir rhoi'r un gwerth moesol i bob anifail a bod gan fodau dynol (ac efallai anifeiliaid synhwyrusol eraill) werth uwch nag anifeiliaid eraill. Felly, os oes gwrthdaro rhwng y bygythion i fodau dynol a'r bygythion i rywogaeth o anifeiliaid, dylid rhoi'r flaenoriaeth i weithredu er lles bodau dynol. Un ffon fesur bosibl arall yn y maes hwn yw rhoi blaenoriaeth, pan mae angen dewis, i anifeiliaid sydd mewn perygl o ddiflannu'n llwyr. 'Y mae'r dull hwn o wahaniaethu (rhwng gofynion gwahanol rywogaethau) yn trin buddiannau cyfartal yn gyfartal ac yn caniatáu i fuddiannau digyswllt arwyddocâd moesol.'[4]

Y trydydd fframwaith y mae'n ei awgrymu yw moeseg

---

3   Elliott, R., *Environmental Ethics*, yn Singer, P. (gol.), *A Companion to Ethics*, Blackwell, 1993, tud. 284–93

4   ibid., tud. 287

bywyd-ganolog. Yma rhoddir gwerth moesegol i bopeth byw er na roddir gwerth moesegol cyfartal i bopeth byw. Un ffordd o wahaniaethu rhwng rhywogaethau fyddai rhoddi'r gwerth moesegol uchaf i'r rhywogaethau mwyaf cymhleth neu drwy roi blaenoriaeth foesegol i'r rhywogaeth sy'n gwneud y cyfraniad mwyaf i gydbwysedd ecolegol. Os cymerir yr egwyddor hon yn llythrennol gellid dychmygu sefyllfa lle byddai hawliau moesegol biosffer mawr a chymhleth o anifeiliaid neu blanhigion yn pwyso'n drymach yn foesol na gwarchod niferoedd uchel o fodau dynol. Gellid ymestyn yr egwyddorion hyn, wrth gwrs, i ddadlau bod gan bob rhywogaeth o organebau byw yr un gwerth moesol ac na ddylai unrhyw un ohonynt fod â gwerth moesegol uwch ohono'i hun, egwyddor y mae'n ei galw yn 'egalitariaeth fiotig'.

Y mae'r pedwerydd fframwaith yn awgrymu ymestyn yr egwyddorion i gynnwys elfennau yn neunydd y blaned nad ydynt yn fodau byw. Pennawd Elliott i'r adran hon yw 'Rights for rocks?' Er enghraifft, os yw prosiect cloddio yn peryglu rhyw nodweddion daearegol hollbwysig y mae hon yn ddadl foesegol lawn mor ddilys â dadlau y byddai mynd ymlaen â'r prosiect yn peryglu tiriogaeth rhywogaeth o anifeiliaid neu blanhigion neu'n peryglu tiriogaeth y mae cymunedau o bobl yn ddibynnol arni. Yn yr un modd, gellid dadlau dros werth moesegol cynhenid yr atmosffer a hynny nid yn unig yn nhermau ei werth i'r ddynolryw neu i rywogaethau eraill.

Y fframwaith olaf y mae'n ei amlinellu yw cyfanrwydd ecolegol (*ecological holism*). Yn y fframwaith hwn y mae i ddwy agwedd ar realaeth werth moesegol, sef y biosffer cyfan, lle mae pob bywyd yn bodoli, a'r systemau ecolegol mawr oddi mewn i'r biosffer hwnnw. Y mae gwerth moesol organebau unigol yn eilradd i werthoedd yr agweddau hyn ar realaeth ac yn ddibynnol ar raddau'r cyfraniadau a wnânt i gynhaliaeth y cyfanrwydd. Felly, yr egwyddor allweddol yw parhad y system ecolegol yn hytrach nag unrhyw hawliau unigol.

Fe fydd darllenwyr yn amrywio'n fawr, mae'n siŵr, yn eu hymateb i'r fframweithiau moesegol hyn. Y mae dau gwestiwn, o leiaf, y dylid eu holi wrth geisio'u gwerthuso. Yn gyntaf, a ydyw cynseiliau'r fframweithiau hyn yn ddilys ac a oes cysondeb rhesymegol mewnol iddynt? Er enghraifft, a ellir yn athronyddol osod bodau dynol a chreigiau ar yr un gwastad moesegol, neu a ellir dadlau nad oes gan unigolion oddi mewn i unrhyw rywogaeth hawliau moesol sy'n uwch na hawliau'r mwyafrif neu hawliau'r rhywogaeth gyfan neu'r biosffer cyfan?

Y mae'r ail gwestiwn yr un mor ddyrys, sef a ydyw gwneud penderfyniadau moesol ar sail un, neu fwy, o'r fframweithiau hyn yn ymarferol? Er enghraifft, a ydyw'n ymarferol dadlau mai gan fodau dynol mae'r hawliau terfynol? Neu a ydyw'n ofynnol i Gristnogion wneud penderfyniadau moesol gan ystyried gwerth neu hawliau moesol planhigion a chreigiau yn ogystal ag anifeiliaid synhwyrus a bodau dynol? Gellid defnyddio diwinyddiaeth Gristnogol i ddadlau'r naill achos a'r llall, mae'n siŵr! Gellid dadlau, er enghraifft, mai'r ddynolryw yn unig a greodd Duw ar ei lun a'i ddelw ei hun, ac felly fod gan fodau dynol werth a hawliau moesol sy'n goruwchlywodraethu ar bob hawl arall. Ond gellid dadlau hefyd gan mai Duw sydd wedi creu pob peth a'i fod wedi gweld fod pob peth yn dda, fod gan bob elfen o'i gread yr un hawliau a'r un gwerthoedd moesol.

Y Persbectif Ecwmenaidd

Fel y gwelsom, bu Cyngor Eglwysi'r Byd yn amlwg iawn yn yr ymdrech i gynorthwyo eglwysi ar draws y byd i ddod i ymwybyddiaeth ddyfnach o'r argyfwng ecolegol a'r modd y dylai

Cristnogion weithredu mewn ymateb i her yr argyfwng hwn.[5]
Y mae'r cyflwyniad i gasgliad o ddogfennau a gyhoeddwyd
ym Mawrth 2010 yn gosod cynsail ddiwinyddol a Beiblaidd
ymwneud y Cyngor â'r newid yn yr hinsawdd fel hyn:

> Y mae polisïau a gweithredu Cyngor Eglwysi'r Byd ar newid
> hinsawdd wedi eu gwreiddio yn y Beibl sy'n dysgu am gyfanrwydd
> y greadigaeth a phwysigrwydd cyfiawnder fel agweddau canolog
> o'r neges Gristnogol. Y mae Duw'n creu bodau dynol ac yn
> gorchymyn i ddynolryw ofalu am y cread (Gen. 2:15), a bod yn
> stiwardiaid arno. Ar yr un pryd y mae Duw'r Beibl yn Dduw
> cyfiawnder sy'n gofalu am y rhai mwyaf bregus: y tlawd, y weddw,
> yr estron (Deut. 10:18–19). Er iddo ddwyn nodau pechod dynol, 'y
> mae'r cread yn disgwyl yn daer am i blant Duw gael eu datguddio'
> (Rhuf. 8:19). Y mae'r gwaith dros gyfiawnder mewn perthynas â'r
> hinsawdd yn cynrychioli ymateb gan yr eglwysi i her y newid yn
> yr hinsawdd.[6]

Bu'r cydgysylltiad rhwng elfennau o'r cread ac effaith
cymdeithasau dynol cyfoes ar ffyniant systemau ecolegol yn
ganolog, felly, i ymwneud y Cyngor â'r newid yn yr hinsawdd.
Cyfiawnder i'r tlotaf sy'n dioddef effeithiau'r argyfwng ecolegol
fu'r egwyddor foesol ganolog ar hyd y blynyddoedd, egwyddor
a gafodd ei disgrifio fel 'dyled ecolegol' neu 'gyfiawnder

---

5   Am wybodaeth lawnach am ymwneud y Cyngor â'r pynciau hyn, gweler
Harakas, S. S., *Science, Technology, Ecology* yn Briggs, J., *et al.* (gol.), *A
History of the Ecumenical Movement, 1968–2000*, Cyhoeddiadau CEB,
2004, tud. 374 ymlaen, a'r casgliad o ddogfennau perthnasol yn *Climate
Change and the World Council of Churches*, Mawrth 2010, ar http://
climatejusticeonline.org/wp-content/uploads/WCC-climate-change-
booklet.pdf, darllenwyd 12 Hydref 2012

6   ibid. (Mawrth 2010), tud. 3

hinsoddol'.[7] Un agwedd bwysig o'r cyfiawnder hwn a ddaeth i'r amlwg yn ystod y blynyddoedd diweddar yw'r bygythion i'r cyflenwad dŵr glân mewn llawer cymuned dlawd. O ganlyniad, daeth yr hawl ddynol sylfaenol i gyflenwad dŵr glân yn egwyddor foesol arall.

Mae datganiad gan Bwyllgor Canolog Cyngor Eglwysi'r Byd ym Medi 2009 yn cydnabod bod angen newidiadau sylweddol ar bob lefel o fywyd unigolion a chymdeithas os yw 'dyled ecolegol' i'w dirwyn i ben a'r berthynas briodol rhwng pobl a'i gilydd a rhwng pobl a'r ddaear i'w hadfer. Byddai angen newidiadau radical er mwyn symud o ffyrdd o brynu a gwerthu sy'n ecsbloetio unigolion a gwledydd a mabwysiadu yn hytrach batrymau masnachol sy'n parchu traddodiadau economaidd, diwylliannol ac ysbrydol lleol, yn cydnabod bod terfynau ar allu rhywogaethau'r ddaear i barhau i atgenhedlu ac yn parchu hawliau pob ffurf ar fywyd i ffynnu ar y ddaear hon. Man cychwyn y broses hon fyddai cydnabod y cysyniad o ddyled ecolegol.[8]

Ar sail yr egwyddorion moesol hyn bu'r Cyngor yn cymell yr eglwysi ar draws y byd i werthuso'u dyled ecolegol mewn partneriaeth â'r gymdeithas sifil a datblygu peirianweithiau ar gyfer digolledu'r rhai sy'n dioddef o ganlyniad i'r ddyled hon. Yn y broses hon y mae egwyddor foesol arall yn dod i'r wyneb, sef cydberthynas a chydgyfrifoldeb pobloedd. Mewn datganiad ar y cyd rhwng y Cynghrair Lutheraidd Byd-eang a Chyngor Eglwysi'r Byd yn ystod Confensiwn y Cenhedloedd Unedig yn Cancun, Mecsico, yn Nhachwedd 2010, dywedwyd mai'r rhai sy'n dioddef canlyniadau negyddol y newid yn yr hinsawdd yn fwyaf enbyd yw'r cymunedau tlawd a bregus sydd wedi cyfrannu leiaf at y nwyon andwyol hyn ac sy'n fwy dibynnol

---

7   *Statement on Eco-justice and Ecological Debt,* CEB, Medi 2009., tud. 13
8   ibid., tud. 14

na chymunedau mwy cyfoethog ar adnoddau naturiol i gynnal bywyd. 'Y mae cyfiawnder yn gofyn mai'r cenhedloedd a fu'n fwyaf cyfrifol yn hanesyddol am yr amodau ecolegol andwyol a ddylai gymryd y cyfrifoldeb pennaf am bolisïau i drawsnewid y cymunedau a'r cenhedloedd bregus a dibynnol hyn.'[9]

Y mae fframwaith ecwmenaidd mewn perthynas â moeseg ecolegol, felly, yn adlewyrchu nifer o'r fframweithiau a amlinellwyd uchod ond yn ychwanegu dimensiynau eraill. Y mae dyfodol y ddynolryw a dyfodol y ddaear ynghlwm wrth ei gilydd ac yn ddibynnol ar ei gilydd. Wrth weithredu i warchod y ddaear a'i hamgylchedd rhaid gwneud hynny er mwyn rhoi blaenoriaeth i hyrwyddo cyfiawnder i'r rhai tlotaf a bregus. Dim ond drwy eu llygaid hwy y gellir iawnddeall her yr argyfwng ecolegol presennol. Mewn cydberthynas gyfiawn y mae cyfrinach gwarchodaeth ecolegol. Gellir disgrifio'r foeseg ecwmenaidd hon fel 'moeseg cyfiawnder ecolegol cyfannol'.

Mewn llyfr godidog a gyhoeddwyd gan Gyngor Eglwysi'r Byd ym 1996 cawn drafodaeth ar fframwaith foesol mewn perthynas ag ecoleg sy'n cyfoethogi'r foeseg ecwmenaidd hon.[10] Egwyddor ganolog Rasmussen yw cynaladwyaeth, cysyniad y mae'n ei ddeall yn nhermau'r gymuned ddaearaidd gyfan. Y mae'n diffinio cynaladwyaeth fel hyn:

y mae cynaladwyaeth o anghenraid yn ymwneud â'r holl broses ddaear-ddynol. Y mae'n cynnwys yr angen am amgylchedd

---

9   ibid., tud. 27
10   Rasmussen, L. L., *Earth Community, Earth Ethics*, Cyhoeddiadau CEB, 1996. Am ymgais i gymhwyso egwyddorion sylfaenol Rasmussen, gweler Gnanadason, A., *The Integrity of Creation and Earth Community: An Ecumenical Response to Environmental Racism*, ar http://ehis.ebscohost.com. libezproxy.open.ac.uk/eds/pdfviewer/ pdfviewer?vid=2&hid=102&sid= c918005b-1f42-460f-a84b-01060d52fb5e%40sessionmgr115, darllenwyd 19 Hydref 2012

gynaladwy, cymdeithasau cynaladwy, bywoliaethau, economïau a dulliau o fyw sy'n gynaladwy. Felly, er bod hyn yn cwmpasu holl ystod gweithgareddau dynol ynghyd â gwerthoedd, dyletswyddau a goblygiadau moesol penodol, *rhaid i'r cyfan weithredu fel agwedd ar economeg ddaearol a chymuned ddaearol* (*earth economics and earth community*). Ni all unrhyw ymdrech … gan rym dynol sydd wedi ei briodi â'r gred ein bod mewn rhyw ffordd yn drosgynnol uwchlaw cymuned naturiol y ddaear ac nad oes angen i ni boeni'n ormodol am hawliau bywyd annynol y ddaear beidio â bod ond yn farwol i bawb a phopeth. Y mae'r gymuned ddaearol yn sylfaenol.[11]

Yn nes ymlaen yn ei lyfr y mae'n ymhelaethu ar hyn ac yn rhoi mynegiant i le canolog cynaladwyaeth mewn moeseg ecolegol:

Yn gyffredinol, yr hyn sy'n annerbyniol i gynaladwyaeth yw bydysawd moesol sy'n gosod cylch o gwmpas creaduriaid dynol yn unig ac nad yw'n ystyried bod gan greaduriaid eraill a'r ddaear gyfan hefyd hawliau moesol y mae angen i ni bryderu amdanynt. Y mae bydysawd moesol dynol-ganolog yn estyn y meddwl apartheid ac awtistiaeth foesol ac ysbrydol… [Mewn bydysawd felly] ni chydnabyddir cyfanrwydd cymunedau moesol a'u dinasyddion niferus.[12]

Y mae'n argymell, felly, system foesol sy'n 'fwy croendenau' (*'a moral system with a more sensitive skin'*). Rhaid rhoi 'i holl rychwant natur werth moesol cynhenid [sy'n gorwedd] yn eu haelodaeth o Gymuned Bywyd … Rhaid i dosturi a chyfiawnder ac adfer cymuned gynnwys mwy na'r aelodau dynol yn unig.'

Fel sail ar gyfer ystyried goblygiadau moesol hyn y mae'n

---

11 ibid., tud. 173, italeiddio gan yr awdur
12 ibid., tud. 344

defnyddio canllaw a awgrymwyd gan James Gustafson. 'Efallai mai bodau dynol, o gofio'u grym a'u lle yn realaeth presennol y ddaear a'u natur fel bodau moesol hunanymwybodol, yw *mesurwyr* popeth. Ond *y mesur* yw y dylem 'ymberthyn i bob peth mewn modd sy'n briodol i'w berthynas â Duw'.[13] Yng ngeiriau gwreiddiol Rasmussen:

> The 'good' all things are is more than their good for us, and our own interests are relative to larger wholes than those of immediate human welfare. Human interests are thus relativized in the interest of the more inclusive life communities of which we are part and upon which we utterly depend. Human beings thereby share with other participants in the Community of Life the need to make those sacrifices required for the welfare and sustainability of this community as a whole.

Y mae'n cysylltu'r weledigaeth hon â fersiwn o orchymyn categorig Kant a awgrymwyd gan Aldo Leopold: 'Y mae rhywbeth yn iawn os yw'n tueddu i gynnal cyfanrwydd, sefydlogrwydd a phrydferthwch y gymuned fywydol. Y mae'n anghywir pan mae'n tueddu i'r gwrthwyneb'.[14] Dyma gynnig, medd Rasmussen, fframwaith moesol ar gyfer gweithredu a pholisi sy'n cynnwys 'cyfanrwydd y greadigaeth', 'cyfiawnder' a 'chymydog'. Daw i'r casgliad ar ddiwedd yr ymdriniaeth hon fod hyn oll 'yn tanlinellu goruchafiaeth moeseg ac yn gwneud cynaladwyaeth bron iawn yn gyfystyr â chyfiawnder hollgynhwysfawr'.[15]

---

13 Gustafson, J. M., *Ethics from a Theocentric Perspective*, Gwasg Prifysgol Chicago, 1981, tud. 113, dyfynnir gan Rasmussen, ibid., 1996, tud. 345

14 Leopold, A., *A Sand County Almanac*, Ballantine, 1970, tud. 262, dyfynnir yn ibid., tud. 345

15 ibid., tud. 348

Nid yw'n syndod, o gofio bod Rasmussen yn gyd-gadeirydd rhaglen Cyngor Eglwysi'r Byd ar Gyfiawnder, Heddwch a'r Cread yn ystod cyfnod ysgrifennu ei gyfrol, ei fod yn cynnig fframwaith moesol sydd yn ein gorfodi, fel y gwnaeth y Cyngor ei hun, i gadw 'cyfanrwydd y greadigaeth' a 'chyfiawnder i gymydog' ynghlwm wrth ei gilydd wrth i ni wneud penderfyniadau fel Cristnogion (a dynolryw) wyneb yn wyneb â her yr argyfwng ecolegol cyfoes. Efallai mai clymu'r ddwy agwedd greiddiol hon – dwy agwedd sy'n ganolog hefyd i'r ddirnadaeth Feiblaidd – wrth ei gilydd fu cyfraniad pwysicaf y mudiad ecwmenaidd cyfoes i'r meddwl moesol parthed yr argyfwng ecolegol.

Daw'r Archesgob Rowan Williams i'r casgliad hwn yn ei ymdriniaeth ddiweddaraf o'r pwnc hwn: 'Y mae'r Cread, yr amgylchfyd cyfan, yn system sydd wedi ei chyfeirio tuag at fywyd – ac, yn y diwedd, tuag at fywyd deallus a chariadus, oherwydd yn y Creawdwr nid oes bwlch rhwng bywyd, deallusrwydd a chariad. Nid yw'r weledigaeth feiblaidd yn cynnig i ni ddynolryw sydd wedi ei hynysu oddi wrth holl brosesau bywyd y cosmos (ond, yn hytrach) ddarlun dengar o sut y byddai dynolryw wedi ei chymodi â'r crëwr a'r cread yn edrych'[16]

Yn sicr, safbwynt y gyfrol hon yw fod moeseg cyfiawnder ecolegol cyfannol yn dod yn nes at adlewyrchu'r safbwynt Beiblaidd a Christnogol yn y maes hwn nag unrhyw un o'r fframweithiau eraill a amlinellwyd yn y bennod hon. Yr her fwyaf, wrth gwrs, fydd ceisio datblygu ffyrdd effeithiol o lunio polisïau a ffyrdd o weithredu'n rhyngwladol ac yn lleol ar sail y fframwaith moesol hwn a fydd, yn wyneb casgliadau'r bennod hon a'r bennod flaenorol, yn sicrhau cyfiawnder economaidd heb fradychu cyfiawnder, cyfanrwydd a chynaladwyedd ecolegol.

---

16 Williams, R., *Faith in the Public Square*, Bloomsbury, 2012 tud. 205 ymlaen

Moeseg Rhyfel a Therfysgaeth

R HYFEL YW 'BRWYDRO arfog rhwng pobloedd, yn aml rhwng cenhedloedd a'i gilydd, ar brydiau rhwng carfanau oddi mewn i genedl (fel mewn rhyfel cartref), neu rhwng grŵp oddi mewn i'r genedl a'r wladwriaeth (fel mewn rhyfel *guerilla*)'.[1]

Roedd yr ugeinfed ganrif yn ganrif y rhyfeloedd ac nid yw'r unfed ganrif ar hugain hyd yma yn argoeli y bydd yn wahanol yn hyn o beth. Lladdwyd mwy o bobl mewn rhyfeloedd yn ystod yr ugeinfed ganrif nag yn yr holl ganrifoedd blaenorol, a hynny er i'r Rhyfel Byd Cyntaf (1914–1918) gael ei ddisgrifio fel 'y rhyfel i atal pob rhyfel'. Y mae un amcangyfrif yn awgrymu bod dros 50 miliwn wedi eu lladd mewn rhyfeloedd yn ystod y ganrif.[2] Yn ystod y ganrif ddiwethaf, hefyd, datblygwyd bomiau atomig ac arfau niwclear â grym anhygoel i ddifetha a lladd a gwenwyno'r amgylchedd ag ymbelydredd niwclear. Y mae Hiroshima a Nagasaki yn Japan yn tystio o hyd i erchylltra'r dechnoleg ryfel sydd ar gael i'r ddynolryw bellach. Y mae gwyddonwyr rhyfel hefyd wedi datblygu arfau biolegol sy'n defnyddio cemegau gwenwynig neu blâu marwol y gellir eu rhyddhau i'r amgylchedd gan niweidio pobl heb ddifa adeiladau. Y mae'r posibiliadau'n frawychus. Ac y mae cenhedloedd ar

---

1   Jenkins, J., *Ethics and Religion*, Heinemann, 1999, tud. 118
2   Gill, R. *A Textbook of Christian Ethics* (Revised Edition), T & T Clark, 1995, tud. 257

draws y byd yn dal i fygwth ei gilydd â'r holl arfau hyn ac yn ceisio datblygu arfau mwy grymus a bygythiol.

Mewn byd a chyfnod peryglus fel hwn, y mae'n rhaid gofyn cwestiynau sylfaenol am foesoldeb rhyfel. A ellir cyfiawnhau rhyfel mewn unrhyw amgylchiadau? Yn y sefyllfa gyfoes a ydyw'n afreal dadlau dros heddychiaeth sydd yn datgan nad oes fyth gyfiawnhad mewn unrhyw amgylchiadau dros fynd i ryfel? A ydyw bodolaeth arfau niwclear a'u grym anhygoel yn codi cwestiynau newydd? A ydyw'r anghyfiawnder enbyd y mae rhai pobloedd a chenhedloedd yn ei ddioddef o ganlyniad i drais a gorthrwm cenhedloedd a llywodraethau grymus, creulon ac annynol yn cyfiawnhau rhyfel? A ydyw egwyddorion moesol yn berthnasol i'r sefyllfa wleidyddol ryngwladol gyfoes gan fod penderfyniadau llywodraethau sy'n ystyried mynd i ryfel yn seiliedig ar realaeth y sefyllfa wleidyddol sy'n seiliedig, gan amlaf, ar fuddiannau cenedlaethol sydd ynghlwm wrth ystyriaethau economaidd a gwleidyddol ac nid ar foesoldeb rhyfel fel y cyfryw?

Ildio i siniciaeth fyddai dilyn rhesymeg y cwestiwn olaf hwn. Ni all unrhyw gymdeithas wâr ildio penderfyniadau ar faterion mor dyngedfennol a dinistriol â rhyfel i fympwy realaeth wleidyddol. Yn aml, y mae llywodraethau yn mynd i ryfel naill ai am fod y farn boblogaidd yn gofyn am hynny neu am fod llais y bobl yn dawel. Y mae'r farn gyhoeddus, felly, yn bwysig, a bydd ystyried agweddau moesol ar ryfel yn gyfraniad tuag at ffurfio'r farn honno yn yr unfed ganrif ar hugain. Y mae grym dinistriol yr arfau rhyfel sydd ar gael inni yn dwysáu'r angen am arweiniad moesol.

Y cwestiwn yw: sut mae dod i farn ar y materion cymhleth hyn? Pa ffynonellau sydd ar gael inni wrth ddatblygu canllawiau moesol? Dros y canrifoedd, y mae nifer o grefyddau'r byd wedi datblygu agweddau at ryfel sy'n seiliedig ar ddadleuon diwinyddol neu grefyddol. Ar y llaw arall, y mae'r sawl sy'n ymwrthod â chrefydd wedi defnyddio ffynonellau athronyddol eraill i lunio moeseg ryfel.

Dros y canrifoedd, gwelwyd amrywiaeth o safbwyntiau Cristnogol ar ryfel, rhai'n cyfiawnhau rhyfel o dan amodau arbennig ac eraill yn condemnio pob rhyfel. Yn y bennod hon byddwn yn trafod safbwyntiau Cristnogol at ryfel ac yna'n gofyn: a ydyw'r un dadleuon yn berthnasol yng nghyd-destun terfysgaeth ryngwladol neu genedlaethol?

A. Tystiolaeth y Beibl

Y mae'r Beibl, yn arbennig yr ysgrythurau Hebreig yn yr Hen Destament, yn rhoi cryn sylw i ryfel. Y mae'n adrodd hanes rhyfeloedd a ymladdwyd gan y genedl Iddewig er mwyn ymosod ar elynion neu i'w hamddiffyn ei hunan. O bryd i'w gilydd, darlunnir Duw fel Duw sy'n nerthol mewn rhyfel ac sy'n sicrhau buddugoliaeth i'w bobl. Bryd arall, defnyddir delweddau rhyfel i ddisgrifio'r bywyd Cristnogol a'r frwydr oesol yn erbyn drygioni. Yn y Beibl, yn yr Hen Destament yn ogystal â'r Testament Newydd, ceir tystiolaeth sy'n condemnio trais a gormes, sy'n gwrthod rhyfel fel dull o ddatrys argyfyngau ac yn cynnig gweledigaeth o fyd lle na 'ddysgant ryfel mwyach' (Eseia 2:4 a Micha 4:3). Un o binaclau dysgeidiaeth Iesu yw ei anogaeth i'w ddisgyblion i garu eu gelynion a gweddïo 'dros y rhai sy'n eich erlid' (Mathew 5:44).

Rhyfeloedd Duw: Y mae hanes etifeddu gwlad Canaan fel 'gwlad yr addewid', y tir a addawodd Duw i'w bobl, yn stori am goncwest drwy frwydro a rhyfela. Trwy'r rhyfeloedd hyn etifeddwyd tir a oedd ym meddiant pobloedd eraill. Roeddent yn credu bod Duw yn eu gorchymyn i fynd i'r rhyfeloedd hyn a rhai tebyg. Er enghraifft, y mae Numeri, Pennod 31, yn adrodd stori'r dial ar Midian. Duw sy'n gorchymyn i Moses ddial ar y

Midianiaid ac y mae Moses yn ei dro yn dweud wrth y bobl 'Arfogwch ddynion o'ch plith iddynt ryfela yn erbyn Midian, a dial arni ar ran yr Arglwydd.' (adn. 3) Lladdwyd pob gwryw ym Midian, yn ôl yr hanes, cymerwyd gwragedd a phlant yn garcharorion, dygwyd eu hanifeiliaid yn ysbail a llosgwyd yr holl ddinasoedd. Pan adroddodd y milwyr yn ôl i Foses, cwynodd yntau nad oeddent wedi lladd y merched! Wedi'r fuddugoliaeth cyflwynwyd offrwm i Dduw.

Y mae dathlu buddugoliaeth Duw dros elynion ei genedl yn ymddangos fel rhan o gyffes ffydd o bryd i'w gilydd. Er enghraifft, wedi i'r Israeliaid ddianc o afael yr Eifftiaid (a foddwyd yn y Môr Coch) canodd Moses gân i'r Arglwydd:

> 'Canaf i'r Arglwydd am iddo weithredu'n fuddugoliaethus;
> bwriodd y ceffyl a'i farchog i'r môr ...
> Y mae'r Arglwydd yn rhyfelwr;
> yr Arglwydd yw ei enw.
> Taflodd gerbydau Pharo a'i fyddin i'r môr,
> a boddwyd ei gapteiniaid dethol yn y Môr Coch ...
> dy ddeheulaw, O Arglwydd, a ddryllia'r gelyn.'

Exodus 15:1 ymlaen

Yn ei erthygl yn *The Lutterworth Dictionary of the Bible* y mae J. L. Wilson yn nodi nifer o amodau ar gyfer y rhyfeloedd hyn, y gellir eu galw'n 'rhyfeloedd sanctaidd' (term nad yw'r Beibl ei hun yn ei ddefnyddio):[3]

- rhaid bod Duw wedi ordeinio'r frwydr (gw. Numeri 31:3);
- rhaid bod y milwyr a oedd yn ymladd wedi mynd trwy ddefod o lanhau crefyddol (gw. Numeri 31:19–24),

---

3   Wilson, J. L., yn *The Lutterworth Dictionary of the Bible*, Lutterworth, 1997

- rhaid bod yr arweinwyr militaraidd yn meddu ar ddawn ac arweiniad Ysbryd Duw;
- mae presenoldeb arch y cyfamod yn y frwydr a'r gred fod Duw yn achub ei bobl o ddwylo'u gelynion yn awgrymu bod y rhyfel neu'r frwydr yn rhan o fwriad Duw i roi'r tir i Israel drwy ei weithredoedd nerthol;
- bod angen dangos ymgysegriad i Dduw drwy eu hymddygiad mewn rhyfel (yr angen am lendid defodol, cysegru'r ysbail i'r Arglwydd, dileu'r gelyn a'i grefydd baganaidd ffals, ac y dylai'r milwyr aros y tu allan i wersyll Israel am saith diwrnod yn dilyn y rhyfel rhag i ddylanwad y gelynion halogi pobl Israel).

Barn Duw: Gydag amser sefydlwyd y frenhiniaeth fel patrwm gwleidyddol ac aeth rhyfel yn gyfrwng polisi cenedlaethol a oedd yn nwylo'r brenin. Ond erbyn yr wythfed ganrif cyn Crist yr oedd proffwydi'n codi eu lleisiau yn erbyn y genedl a'i chred fod Duw bob amser yn amddiffyn ei bobl yn erbyn eu gelynion. Nid oedd bod yn bobl y cyfamod yn gwarantu gofal Duw. Yn hytrach, cyhoeddi barn Duw yn erbyn Israel a Jwda a wnaethant. Ac yn waeth na hynny, roeddent yn cyhoeddi bod Duw nid yn unig yn gwrthod eu hamddiffyn rhag eu gelynion ond yn defnyddio byddinoedd eu gelynion fel cyfrwng ei farn ar ei bobl. Roedd y rhod wedi troi! A hynny am fod pobl Dduw wedi troi eu cefn arno ac wedi dilyn duwiau paganaidd y bobloedd o'u hamgylch. Aeth rhyfel nid yn gyfrwng achubiaeth (fel yn yr exodus) ond yn offeryn barn.

Heddwch Duw: Yn ystod yr un cyfnod cododd gweledigaeth newydd. Gellir synhwyro'i bod yn weledigaeth amlwg yng nghyfnod proffwydi'r wythfed ganrif, gan fod Eseia a Micha yn ei chynnwys yn eu gwaith. Gweledigaeth ydyw o fyd heb ryfel oherwydd ei fod yn fyd heb elynion ac felly yn fyd diogel. Yn ôl y weledigaeth hon, bydd y bobloedd a'r cenhedloedd yn dylifo i fynydd yr Arglwydd, sef Jerwsalem, a bydd Duw:

> yn barnu rhwng cenhedloedd,
> ac yn torri'r ddadl i bobloedd cryfion o bell;
> byddant hwy'n curo'u cleddyfau'n geibiau,
> a'u gwaywffyn yn grymanau.
> Ni chyfyd cenedl gleddyf yn erbyn cenedl,
> ac ni ddysgant ryfel mwyach;
> a bydd pob dyn yn eistedd dan ei winwydden
> a than ei ffigysbren, heb neb i'w ddychryn.
> Oherwydd genau Arglwydd y Lluoedd a lefarodd.

Eseia 2:1–4/Micha 4:1–4

Dysgeidiaeth Iesu: Nid yw dysgeidiaeth Iesu'n cyfeirio at ryfel, fel y cyfryw. Ond y mae'n cynnig arweiniad sy'n ymddangos yn eglur ar ddefnyddio trais ac ar agweddau at elynion. Yn y Bregeth ar y Mynydd (Mathew 5–7) y ceir y cyfeiriadau mwyaf amlwg. Gellir cyfeirio at dair adran ym Mathew 5 sy'n arwyddocaol yn y cyd-destun hwn:

> Clywsoch fel y dywedwyd wrth y rhai gynt, 'Na ladd; pwy bynnag sy'n lladd, bydd yn atebol i farn.' Ond rwyf fi'n dweud wrthych y bydd pob un sy'n ddig wrth ei frawd yn atebol i farn.

Byddai rhai'n dadlau nad oes a wnelo'r geiriau hyn â rhyfel gan nad oedd y gorchymyn y mae Iesu'n ei ddyfynnu (yn eu tyb hwy) yn cyfeirio at ryfel ond yn hytrach at ymddygiad personol y tu allan i ryfel. Byddent yn dadlau, felly, mai cynnig arweiniad mewn perthynas â'n hymddygiad at ein gilydd mewn cymdeithas y mae Iesu, ac na ddylid ei ddehongli fel gwaharddiad ar ryfela, sydd wrth gwrs yn golygu lladd ein gilydd. O'r braidd fod hon yn ddadl ddilys. Os yw Iesu'n gwahardd dicter onid yw'n gwahardd dicter ym mhob amgylchiad?

Beth am yr ail adran?

> Clywsoch fel y dywedwyd, 'Llygad am lygad, a dant am ddant.' Ond rwyf fi'n dweud wrthych: peidiwch â gwrthsefyll y sawl sy'n gwneud drwg i chwi. Os bydd rhywun yn dy daro ar dy foch dde, tro'r llall ato hefyd.
>
> *Mathew 5:38–39*

Gellir defnyddio'r un ddadl yma eto. Ond os yw cyfraith foesol Iesu'n gwahardd i unigolion dalu 'nôl, onid yw'n rhesymol casglu ei fod yn disgwyl ymddygiad cyffelyb yn y bywyd cyhoeddus? Neu a ydyw Iesu'n gosod un gyfraith foesol ar unigolion a chyfraith wahanol yn y bywyd cyhoeddus?

Mae'n siŵr mai'r drydedd adran sy'n dod â ni at galon dysgeidiaeth Iesu:

> 'Clywsoch fel y dywedwyd, 'Câr dy gymydog, a chasâ dy elyn.' Ond rwyf fi'n dweud wrthych: carwch eich gelynion, a gweddïwch dros y rhai sy'n eich erlid.
>
> *Mathew 5:43–44*

Natur cariad yw calon dysgeidiaeth Iesu. Nid cariad at frawd neu chwaer neu deulu a chymdogion ydyw yn unig nac, efallai, yn bennaf, ond cariad at elyn. Cariad yw hwn sy'n herio patrwm arferol ein perthynas â'n gilydd ac yn mynnu ein bod yn goresgyn yr elyniaeth sydd yn medru gwahanu pobl oddi wrth ei gilydd.

O leiaf, y mae'r adrannau hyn yn awgrymu'n gryf iawn fod Iesu'n disgwyl i'w ddilynwyr ddilyn y ffordd ddi-drais. Unwaith eto, y mae'n amlwg fod Iesu'n disgwyl yr un ymddygiad cariadus oddi wrth gymdeithas yn gyffredinol ag oddi wrth ei ddisgyblion. Un foeseg sydd i bawb ym meddwl Iesu, sef moeseg cariad at elyn. Y cwestiwn i ni yw: a ydyw'n ymarferol cymhwyso'r foeseg radical, heriol a delfrydol hon ar gyfer byd cymhleth ein canrif ni? Cawn ystyried y cwestiwn hwn yn fanwl yn nes ymlaen yn y bennod, ond, o leiaf, gallwn nodi yma unwaith eto farn W. D. Davies (gweler Pennod 2) fod y delfryd radical y mae Iesu'n ei osod gerbron ei ddisgyblion yn dangos ei fod 'yn cydnabod posibiliadau moesol diderfyn y ddynolryw.'

Paul, y wladwriaeth a rhyfel

Yn aml, dyfynnir Paul i gefnogi mynd i ryfel o dan rai amgylchiadau. Yn ei Lythyr at y Rhufeiniaid y mae'n annog ei gyd-Gristnogion yn Rhufain i fod yn ufudd i'r 'awdurdodau sy'n ben' gan eu bod wedi eu 'sefydlu gan Dduw'. Fe'u sefydlwyd i weini arnom 'er lles' ond gallant fod yn gyfryngau cosb hefyd 'oherwydd nid i ddim y mae'n gwisgo'r cleddyf.'[4]

Gellir dehongli'r adnodau hyn mewn nifer o ffyrdd.

Gellir eu deall fel anogaeth i unigolion i fod yn ufudd i'r wladwriaeth gan fod ganddi hawl i gosbi trigolion sy'n anufuddhau i'r gyfraith.

Gallant fod yn rhybudd i Gristnogion – llawer ohonynt o dras Iddewig – ym mhrif ddinas yr Ymerodraeth Rufeinig gyda'i holl rym milwrol i ymddwyn â'u diogelwch eu hunain mewn cof ac i beidio gwrthwynebu'r awdurdodau rhag i'r llywodraeth fanteisio ar y cyfle i erlid a lladd Cristnogion.

Gallant fod yn rhybudd i Gristnogion beidio â gwrthryfela yn erbyn y wladwriaeth gan y byddai hynny'n golygu gwrthryfela yn erbyn ewyllys Duw.

Gallant fod yn egwyddor gyffredinol i Gristnogion beidio â mynd i ryfel yn erbyn unrhyw wladwriaeth gan fod Duw

---

4   Rhufeiniaid 13:1–7

wedi sefydlu gwladwriaethau i fod yn offerynnau yn ei law ef i weithredu er lles ac mewn barn.

Wrth esbonio'r adnodau hyn y mae W. B. Griffiths yn gwneud tri phwynt allweddol:[5]

1. Fel sefydliad y mae llywodraeth yn rhan o drefn Duw ... Gan fod llywodraeth o ordinhad dwyfol, y mae'r sawl sy'n ymosod arni yn gwrthwynebu Duw.

2. Mae'n anodd credu fod Paul mor ddiniwed â chymeradwyo ufudd-dod i lywodraeth heb roi lle o gwbl i unrhyw brotest yn erbyn ei gweithrediadau.

3. Yn y byd fel y mae, y mae'n rhaid wrth lywodraethau ac ofer meddwl am y byd hwn heb lywodraeth a'i hawdurdod. Rhaid i'r Cristion fyw yn y tyndra hwn: rhaid iddo fyw mewn eglwys â chysylltiadau personol, lle y mae cariad i lywodraethu, a rhaid iddo fyw mewn byd nad yw'n eglwys, lle y mae gorfodaeth a grym yn anhepgor, a'r byd hwnnw ar yr un pryd yn fyd y mae Crist yn Arglwydd arno. Ni all bleidio anarchiaeth, ac ni all ychwaith ddwyfoli'r wladwriaeth.

Y mae C. H. Dodd yn gweld rhybudd yma yn erbyn eithafiaeth ffanatig rhai Iddewon yn Rhufain a allai ddylanwadu ar Gristnogion. Y mae Paul, yn ei farn ef, yn gweld llywodraeth sifil fel rhan o drefn foesol Duw a thra'i bod yn gweithredu'n foesol dylai Cristnogion fod yn ufudd iddi.[6]

Y mae Martin Luther (1483–1546), yr offeiriad a'r diwinydd Almaenig a ysgogodd y Diwygiad Protestannaidd, yn dadlau, i raddau ar sail yr adnodau hyn ac agwedd yr Hen Destament at ryfel, mai prif amcan rhyfel ac ymladd yw cosbi drygioni a chadw

---

5   Griffiths, W. B. *Yr Epistol at y Rhufeiniaid*, Llyfrfa'r Methodistiaid, 1955, tud. 114 ymlaen

6   Dodd, C. H., *The Epistle of Paul to the Romans,* Fontana, 1965, tud. 210

heddwch a bod Duw, felly, yn medru cymeradwyo rhyfel. Y mae Luther yn cynnig ei athrawiaeth glasurol o'r 'ddwy deyrnas', sef teyrnas llywodraethwyr y byd hwn y mae'n rhaid i Gristnogion ufuddhau iddynt mewn perthynas â phethau'r byd hwn, a theyrnas Crist, sef y deyrnas ysbrydol lle mae'r Ysbryd yn gweithredu i lunio Cristnogion mewn cyfiawnder o dan awdurdod Crist. Gall Cristnogion fyw yn y ddau fyd hyn heb wadu arglwyddiaeth Crist. Ar y sail hon fe allai Luther gyfiawnhau rhyfel yn erbyn gelynion y wladwriaeth ond roedd yn gwrthwynebu gwrthryfel mewnol yn erbyn gwladwriaeth, heblaw am resymau eithafol iawn.

Yn gyffredinol, heddiw, fodd bynnag, gwelir Rhufeiniaid 13:1–7 fel anogaeth gan Paul i Gristnogion mewn cyfnod a sefyllfa arbennig i barchu'r llywodraeth fel rhan o'r drefn foesol a ordeiniwyd gan Dduw, ond nid fel cyfiawnhad i lywodraeth gamddefnyddio'i hawdurdod i fynd i ryfel yn erbyn ei gelynion.

Ochr yn ochr â'r adnodau hyn gellir gosod tystiolaeth Paul yn ei Lythyr at yr Effesiaid i Grist 'ein heddwch ni' a ddinistriodd 'y canolfur o elyniaeth' rhwng Iddewon a'r Cenhedloedd, gan greu 'un ddynoliaeth newydd ynddo ef ei hun ... trwy'r groes; trwyddi hi fe laddodd yr elyniaeth.'[7] Siarad yn bennaf am yr Eglwys fel patrwm o'r ddynoliaeth newydd a wna Paul yn yr adnodau hyn ond y mae yma weledigaeth o genhedloedd y byd yn cael eu cymodi â'i gilydd gan Dduw drwy Grist. Y mae'n anodd credu bod Paul yn rhoddi lle i ryfel rhwng cenhedloedd yn y weledigaeth o fyd newydd yng Nghrist.

Yn yr un modd, y mae Llyfr Datguddiad Ioan, sy'n llawn delweddau o Dduw yn y diwedd yn ennill y rhyfel rhwng teyrnas Crist a theyrnas Satan, rhwng daioni a drygioni, yn gorffen gyda gweledigaeth o holl deyrnasoedd y byd a'u

---

7   Effesiaid 2:14–17

brenhinoedd yn dod ynghyd i ddinas Duw. Bydd pob peth halogedig yn cael ei gau allan ohoni a bydd Duw yn teyrnasu.[8]

Casgliadau

Dengys yr arolwg hwn o agwedd y Beibl at ryfel fod y dystiolaeth Feiblaidd yn amwys. Y mae llawer o hanes pobl Dduw yn yr Hen Destament yn crynhoi o gwmpas rhyfeloedd yn erbyn gelynion, gelynion Duw a gelynion y genedl. Ond gwelir yn yr Hen Destament hefyd – yn fwyaf arbennig ym mhroffwydi'r wythfed ganrif – dystiolaeth yn erbyn rhyfel mewn byd lle na ddysgant ryfel mwyach, a lle mae heddwch a thangnefedd yn teyrnasu.

Yn y Testament Newydd, Iesu Grist sydd yn ganolog. Y mae ef yn pregethu maddeuant, dulliau di-drais a chariad at elyn. A hyd yn oed pan oedd milwyr yr ymerodraeth yn taro hoelion i'w ddwylo gweddïai am i Dduw faddau iddynt. Galwyd Iesu yn 'Grist ein heddwch ni' a disgwylir y bydd ef yn teyrnasu mewn nef a daear newydd lle y bydd yr holl genhedloedd yn dod ynghyd.

Er mor amwys yr ymddengys y dystiolaeth feiblaidd, ar un olwg, y mae'n anodd meddwl bod Iesu'r Testament Newydd am hyrwyddo teyrnas ac ynddi le i ryfeloedd creulon yr ugeinfed ganrif a'r unfed ganrif ar hugain, a'r arfau dieflig sy'n dal i gael eu cynhyrchu gan lywodraethau o bob lliw gwleidyddol ar draws y byd. Yn wir, am o leiaf 250 mlynedd dilynodd yr Eglwys ddysgeidiaeth Crist am y ffordd ddi-drais. Credwyd bod unrhyw fath ar drais yn annerbyniol ac yn anghyson â dysgeidiaeth hanfodol Iesu.

Wrth i'r Eglwys Gristnogol ddynesu at y wladwriaeth a phan ddaeth Cristnogaeth yn grefydd swyddogol yr Ymerodraeth Rufeinig o dan yr Ymerawdwr Cystennin yn OC 313 newidiodd

---

8 Datguddiad 21:22–22:5

y sefyllfa yn llwyr. Bellach roedd Cristnogion yn rhan annatod o'r Ymerodraeth ac fel y cyfryw roedd ganddynt gyfrifoldeb i'w hamddiffyn rhag ei gelynion. Byddai hynny'n golygu ymuno â byddinoedd a bod yn fodlon ymladd. Ond beth am ddysgeidiaeth Iesu? A dyma ddechrau ar yr ymdrech athronyddol, foesol a diwinyddol i gyfiawnhau rhyfel.

B. Rhyfel Cyfiawn

Awstin Sant (OC 354–430) ddechreuodd y broses o geisio datblygu cyfiawnhad moesol dros fynd i ryfel. Gan fod yr Hen Destament yn cyfiawnhau rhyfel a bod Duw yn defnyddio rhyfel, fel y gwelsom, fel offeryn ei waredigaeth a'i farn, credai Awstin y gallai Cristnogion hefyd fynd i ryfel. Yr oedd yn cymryd y Beibl cyfan fel awdurdod llythrennol ar gyfer moesoldeb ac felly ni welai unrhyw anhawster gyda defnyddio'r Hen Destament fel hyn i gyfreithloni rhyfel.

Gosododd ddau amod sylfaenol:

- rhaid bod y rhyfel wedi ei awdurdodi'n gyfreithlon (e.e. gan yr ymerodraeth);
- rhaid bod achos cyfiawn dros y rhyfel.

Nid oedd Awstin yn credu bod dysgeidiaeth Iesu yn gwrth-ddweud hyn. Amcan dyfodiad Iesu oedd cosbi drygioni a sefydlu heddwch. Os dyma fwriad y rhyfel, felly, gellir hawlio bod rhyfela yn gyson â dysgeidiaeth Iesu. Roedd Awstin hefyd yn gwahaniaethu rhwng unigolyn yn llofruddio person arall, a brenin neu ymerawdwr yn mynd i ryfel dros achos cyfiawn. Rhaid condemnio'r cyntaf ond gellid cyfiawnhau'r ail.

Beth sydd yn ddrwg mewn rhyfel? Ai marwolaeth rhai a fydd yn marw'n fuan, beth bynnag, er mwyn i eraill fyw mewn heddwch? Dim ond llwfrdra yw hyn, nid unrhyw deimlad crefyddol. Y gwir ddrwg mewn rhyfel yw cariad at drais, creulondeb dicllon, gelyniaeth ffyrnig a didrugaredd ... a blys am rym, a'i debyg; ac yn gyffredinol i gosbi'r pethau hyn, pan mae angen grym i weithredu'r gosb, y bydd dynion da yn mynd i ryfel, mewn ufudd-dod i Dduw neu ryw awdurdod cyfreithlon, gan fod ymddwyn yn iawn yn eu gorfodi i weithredu fel hyn neu i beri i eraill weithredu fel hyn.[9]

Fe allem ni fod yn feirniadol o ddull Awstin o ymresymu a dehongli'r Beibl. Ond derbyniwyd y safbwynt hwn gan rannau helaeth o'r Eglwys am ganrifoedd.

Yn y 13eg ganrif ychwanegodd Tomos Acwin drydydd amod at ddau amod Awstin Sant, sef:

- bod yn rhaid i'r bwriad y tu ôl i'r rhyfel fod yn gyfiawn.

Dyma fu safbwynt swyddogol yr Eglwys Gatholig Rufeinig yn ystod y canrifoedd dilynol. Ond yn raddol, holwyd cwestiynau dwys ynglŷn ag Athrawiaeth Rhyfel Cyfiawn ac – fel y gwelwn – bu'r dystiolaeth heddychol, sy'n gwrthod pob cyfiawnhad dros fynd i ryfel (e.e. gan y Crynwyr o'r 17eg ganrif ymlaen) yn nodedig a chostus.

Erbyn yr ugeinfed ganrif roedd yn amlwg fod canllawiau moesol syml Awstin ac Acwin yn annigonol i gwrdd â gofynion cymhleth dau ryfel byd. Gallai'r ddwy 'ochr' yn y rhyfeloedd hyn ddadlau eu bod yn ymladd rhyfeloedd cyfiawn wedi eu hawdurdodi'n gyfreithlon a chyda bwriadau cywir.

Canlyniad hyn oedd ymestyn Athrawiaeth Rhyfel Cyfiawn gan geisio diffinio dwy agwedd:

---

9   Awstin Sant, ar ryfel cyfiawn yn *Reply to Faustus the Manichean*, para. VII.6

1. *jus ad bellum* (amodau cyfiawn dros fynd i ryfel)

Yn ôl yr athrawiaeth hon, gellir mynd i ryfel am nifer o resymau. Er enghraifft, y mae McMahan, mewn traethawd yn *A Companion to Ethics,* yn awgrymu'r canlynol, ymhlith eraill:

- hunanamddiffyniad cenedlaethol;
- amddiffyn gwladwriaeth arall yn erbyn gormeswr allanol;
- adennill hawliau a gollwyd gynt drwy ryfel;
- amddiffyn hawliau dynol sylfaenol;
- cosbi treiswyr anghyfiawn.[10]

Ond cyn mynd i ryfel am un o'r rhesymau hyn byddai'n rhaid bodloni nifer o amodau:

- rhaid i'r rhyfel gael ei gyhoeddi gan awdurdod priodol a chyfreithlon;
- rhaid i honiadau'r naill ochr a'r llall bod eu hachos yn gyfiawn fod yn gymeradwy;
- rhaid bod bwriad iawn wrth fynd i ryfel;
- rhaid mai'r dewis eithaf yw mynd i ryfel;
- rhaid bod tebygolrwydd rhesymol o lwyddiant;
- rhaid bod yr anghyfiawnder sy'n rheswm dros y rhyfel yn gymesur â'r dioddefaint a'r marwolaethau sy'n debygol o fod yn ganlyniad iddo.[11]

2. *jus in bello* (gosod terfynau cyfiawn i ymddygiad mewn rhyfel)

Y mae'r gofynion hyn yn cynnwys:

---

10 Singer, P., (gol.), *A Companion to Ethics,* tud. 384 ymlaen
11 Rhestrir y rhain, sy'n tarddu o adroddiad gan Esgobion Catholig America ym 1983, gan Vardy a Grosch, 1999, tud. 170

- yr angen i ddefnyddio'r grym lleiaf. Dylid defnyddio'n unig y grym sy'n angenrheidiol i gyflawni dibenion y rhyfel;

- yr angen am gymesuredd. Dylid defnyddio'r math o rym sy'n addas i natur yr argyfwng;

- yr angen am wahaniaethu. Dylid ymladd y rhyfel yn y fath fodd fel ag i sicrhau hyd y gellir nad yw pobl ddiniwed yn cael eu lladd neu eu clwyfo.

Y mae cryn drafod ynglŷn â'r egwyddorion a'r amodau hyn o hyd, yn enwedig mewn cyfnod pan oedd arfau niwclear â grym dinistriol enfawr ar gael i lywodraethau. A ydyw'n bosibl cymhwyso'r amodau hyn i ryfel niwclear? Oni allai'r naill 'ochr' a'r llall fod yn hawlio fod ganddi gyfiawnhad dros fynd i ryfel? Er mor soffistigedig ydyw arfau rhyfel modern, a ellir sicrhau bod niwed i'r boblogaeth sifil yn cael ei gadw'n isel? A ydyw'n foesol dderbyniol mewn unrhyw amgylchiadau i geisio pwyso safiad dros achos cyfiawn ar y naill law yn erbyn colli bywyd a niweidio milwyr a'r boblogaeth sifil ar y llaw arall? Mewn cyfnod pan mae cydberthynas wleidyddol rhwng cenhedloedd a'i gilydd yn elfen allweddol yn rhyngwladol, beth yw lle mudiad megis y Cenhedloedd Unedig yn awdurdodi neu'n anghymeradwyo rhyfel? A ddylai fod gan y Cenhedloedd Unedig yr hawl i wahardd rhyfel rhwng dau o'i aelodau? Yn wir, awgrymodd rhai mai'r Cenhedloedd Unedig yn unig ddylai fod â'r hawl i awdurdodi rhyfel yn y byd cyfoes. Ar y llaw arall, oni bai fod y gymuned ryngwladol yn datblygu dulliau diplomatig a di-drais llawer mwy pwerus o wrthwynebu a datrys bygythiadau cyson i hawliau dynol sylfaenol, sut y gellir disgwyl i genhedloedd fodloni ar beidio â chael yr opsiwn o fynd i ryfel pan mae'r broses ddiplomatig yn ymddangos fel petai'n aneffeithiol?

Byddai rhai'n dadlau bod Athrawiaeth Rhyfel Cyfiawn wedi bod yn gyfaddawd annerbyniol o'r dechrau:

> O'r dechrau, cyfaddawd llwyr fu damcaniaeth y rhyfel cyfiawn ... Ni fu ... erioed yn ddamcaniaeth y gellid ei chyfiawnhau drwy ddweud ei bod yn fynegiant o feddwl Crist, ac erbyn hyn – yn yr oes niwclear a'r oes sydd wedi ei llwyr filitareiddio – ni ellir ar unrhyw gyfrif ei chyflwyno i gyfiawnhau trais ar y raddfa y mae'n bod bellach ... Ac erbyn hyn, y mae'r canllawiau a'r amodau yn gwbl ddiystyr.[12]

Wedi cymryd gofal mawr yn eu hadroddiad i geisio diffinio'n ofalus amodau mynd i ryfel a therfynau ymddygiad mewn rhyfel, ar y diwedd y mae Esgobion Catholig America hefyd yn glir iawn yn eu cred fod bodolaeth arfau niwclear yn niwedd yr ugeinfed ganrif wedi trawsnewid y sefyllfa'n llwyr. Y maent yn galw am yr hyn a alwodd y Pab yn 'moral about-face':

> Y mae'n rhaid i'r byd cyfan fagu'r gwroldeb moesol a'r gallu technolegol i ddweud 'na' wrth wrthdaro niwclear; 'na' i arfau dinistr torfol; 'na' wrth ras arfau sy'n lladrata oddi wrth y tlawd a'r bregus; a 'na' i beryglon moesol oes niwclear sy'n gosod gerbron y ddynolryw yn gyson ddewisiadau naill ai o fraw ac arswyd neu o ildio i'r 'gelyn'. Nid ymrwymiad opsiynol yw bod yn 'dangnefeddwyr'. Y mae'n un o ofynion ein ffydd. Fe'n gelwir i fod yn dangnefeddwyr, nid gan ryw fudiad cyfoes, ond gan ein Harglwydd Iesu. Y mae cynnwys a chyd-destun ein gwaith fel tangnefeddwyr yn cael ei osod, nid gan agenda wleidyddol neu raglen ideolegol, ond gan athrawiaeth yr Eglwys.[13]

A dyna'n harwain at ein trydydd pwnc.

---

12 Jones, P.Ll., *Iesu'r Iddew*, Y Lolfa, 2000, tud. 125
13 Adroddiad Esgobion Catholig America, 1983, para. 14.40

C. Heddychiaeth

Gallwn ddyfynnu brawddegau o adroddiad yr Esgobion fel arweiniad i'r adran hon:

> Nid yw bod yn dangnefeddwyr yn opsiynol [i Gristnogion]. Y mae'n un o ofynion ein ffydd.

Gellir diffinio heddychiaeth yn gyffredinol fel hyn: 'ymwrthod yn llwyr â phob trais, gwrthdaro milwrol a rhyfel fel dulliau o ddatrys unrhyw argyfwng, a chofleidio di-dreisedd a chymodi, a hynny fel unigolion a chenhedloedd.'

Safbwynt lleiafrifol fu hwn yn ystod y canrifoedd ers sefydlu Cristnogaeth fel crefydd swyddogol yr Ymerodraeth Rufeinig yn nechrau'r 4edd ganrif OC. Ond o'r 17eg ganrif ymlaen bu'n ffrwd bwysig a dylanwadol mewn enwadau a sectau anghydffurfiol, yn fwyaf arbennig y rhai nad oeddent wedi eu hieuo i'r wladwriaeth mewn rhyw fodd.

Yn wir, y mae Gill ac eraill yn dadlau na all eglwys neu enwad sy'n eglwys genedlaethol neu sefydledig (ac felly wedi ei hieuo i'r wladwriaeth) fyth gymryd safbwynt heddychol.[14] Y maent yn hawlio bod y cymhellion a orfododd Awstin Sant i ddatblygu Athrawiaeth Rhyfel Cyfiawn (sef bod yn rhaid i Gristnogion sy'n rhan o wladwriaeth lle y mae Cristnogaeth yn grefydd swyddogol fod yn fodlon ymladd mewn rhyfel a awdurdodir am resymau cyfiawn gan frenin neu ymerawdwr) yn dal i fod yn berthnasol heddiw. Er bod Joe Jenkins, fel enghraifft, yn dangos cydymdeimlad â'r safbwynt heddychol y mae'n disgrifio heddychiaeth fel safbwynt 'a ddaeth i'r wyneb eto mewn mudiadau hereticaidd.'[15]

Beth, felly, yw hanfodion a goblygiadau heddychiaeth?

---

14 Gill, R., *A Textbook of Christian Ethics*, tud. 263
15 Jenkins, J., *Religion and Ethics*, Heinemann, 1999, tud. 120

I Gristnogion sail heddychiaeth yw dysgeidiaeth Iesu. Fel y gwelsom, y mae'r ddysgeidiaeth honno'n awgrymu'n gryf ei fod yn disgwyl i'w ddilynwyr ddilyn y ffordd ddi-drais a'i fod yn gosod yr un delfryd i gymdeithas yn gyffredinol. Moeseg cariad at elyn yw moeseg Iesu. Bu Iesu fyw a marw yn unol â'r foeseg hon: pan gafodd ei draddodi i'w groeshoelio ildiodd i gosb a chreulondeb milwyr Rhufain heb geisio ymwrthod na dial. Yn wir, gweddïodd am i Dduw faddau i'r sawl a oedd yn ei ddienyddio.

Iesu ei hun, felly, yw ysbrydoliaeth heddychiaeth ac fe'i gwelir nid fel opsiwn ymhlith opsiynau eraill, ond fel yr unig ddewis sy'n agored mewn gwirionedd i Gristion:

> Heddychiaeth yw'r ffordd o fyw sy'n gynhenid yn ffurf argyhoeddiadau Cristnogol am Dduw a'i berthynas â ni. Nid yw'n olrhain ei unig gyfiawnhad o adrannau o'r Ysgrythur megis Mathew 5:38–48, ond hefyd o'n dealltwriaeth o Dduw sydd wedi ei ddatguddio'n derfynol yng nghroes Crist. Yn union fel y gwrthododd Duw ddefnyddio trais fel modd o sicrhau llwyddiant ei achos, dylem ninnau hefyd ymwrthod. Ffyddlondeb [i'r ffordd hon] yw prawf terfynol heddychiaeth Gristnogol ac nid effeithiolrwydd.[16]

Y mae Elford yn rhannu heddychwyr Cristnogol yn dair carfan:[17]

Heddychwyr o ran egwyddor yw'r cyntaf. Y rhain yw'r Cristnogion hynny sy'n dadlau dros heddychiaeth ar sail dysgeidiaeth Iesu a hynny'n unig. Nid yw ystyriaethau eraill (megis y dioddefaint personol a allai fod yn ganlyniad i'r ffordd ddi-drais neu'r ansicrwydd a ydyw heddychiaeth yn effeithiol

---

16 Hauerwas, S., *Pacifism: Some Philosophical Considerations* yn *Faith and Philosophy*, Cyfrol 2, Rhifyn 2, Wilmore, Ebrill 1985, tud. 99–104
17 Elford, R. J., yn *The Cambridge Companion to Christian Ethics* (gol. Robin Gill), CUP, 2001, tud. 174

yn datrys argyfyngau rhyngwladol) yn hanfodol i'w safiad. Y mae safiad di-drais yn ddyletswydd foesol ddigyfaddawd. Y mae cymryd bywyd ym mhob amgylchiad yn foesol a diwinyddol annerbyniol.

Er ei fod yn amlwg yn edmygu'r Cristnogion hyn, y mae Elford yn cwestiynu a ellir glynu wrth safiad moesol 'which seems to fly in the face of common sense'. Y mae'n feirniadol o'r safiad hwn hefyd am ei fod yn amheus a ellir ysgaru moesoldeb ein gweithredoedd oddi wrth ystyriaethau am ganlyniadau ein gweithredoedd i'r graddau a wneir gan yr heddychwyr hyn.

Heddychwyr pragmataidd yw'r ail. Y mae'r heddychwyr hyn yn gwrthod defnyddio trais am eu bod yn credu bod trais yn y diwedd yn aneffeithiol. Dyfynnir Mahatma Gandhi yn aml fel enghraifft nodedig o'r math hwn o heddychiaeth. Arweiniodd ymgyrch ddi-drais yn India yn erbyn polisïau Prydain ac o blaid annibyniaeth i India gan ganolbwyntio'n fwyaf arbennig ar anghenion y tlodion. Beth bynnag oedd yr amrywiol resymau dros benderfyniad Prydain i ganiatáu annibyniaeth, roedd safiad Gandhi – nad oedd, wrth gwrs, yn Gristion ond yn Hindŵ – yn gyfraniad allweddol. Y mae Elford ei hun yn amheus i ba raddau y byddai dulliau Gandhi wedi bod mor effeithiol yn erbyn unben digyfaddawd a chreulon.

Heddychwyr dewisol yw'r garfan olaf. Y rhain yw'r heddychwyr hynny sy'n dewis pa bethau y dylid bod yn heddychol ynglŷn â nhw a pha rai na ddylid. Y mae Elford yn cynnig fel enghraifft y rhai y mae'n eu galw yn heddychwyr niwclear, sef pobl na fyddent yn heddychwyr mewn amgylchiadau eraill ond sy'n ymwrthod yn llwyr â'r posibilrwydd o ddefnyddio arfau niwclear mewn unrhyw amgylchiadau. Un rheswm a roddir dros hyn yw fod arfau niwclear bob amser ym mhob amgylchiad yn anghymesur i unrhyw achos dros fynd i ryfel.

Y cwestiwn mawr i Elford yw: a ydyw heddychiaeth yn

gydnaws â dinasyddiaeth gyfrifol mewn byd sy'n anheddychol, lle y mae heddwch – a'r rhyddid cydwybod y mae heddychiaeth yn ddibynnol arno – yn ganlyniad disgyblaeth filitaraidd o un fath neu'i gilydd.

Yr unig ymateb Cristnogol dilys i hyn yw fod heddychwyr yn gwneud eu safiad yn gyfan gwbl ar sail dysgeidiaeth a pherson Iesu ac nad oes ganddynt ddewis arall. Y maent yn dadlau yn erbyn effeithiolrwydd heddychiaeth ddewisol am eu bod yn credu na ddylai fod unrhyw derfyn ar yr ymdrech i ddefnyddio dulliau diplomatig ac yn y blaen i ddatrys anghydfod rhyngwladol ac nad yw'r lladd sy'n ganlyniad anochel rhyfel confensiynol a niwclear yn dderbyniol, os ydym am fod yn ffyddlon i ddysgeidiaeth a galwad Iesu.

O'u dechreuadau yn y 17eg ganrif bu tystiolaeth heddychol y Crynwyr yn un nodedig iawn. Y mae'r dyfyniad canlynol o Ddatganiad Cymdeithas Grefyddol y Cyfeillion (Y Crynwyr) i'r Brenin Siarl II yn werth ei nodi fel mynegiant cryno o'r safbwynt heddychol:

> Yr ydym yn ymwrthod yn llwyr â phob rhyfel a gwrthdaro ac ymladd allanol ag arfau allanol, i unrhyw amcan ac am ba reswm bynnag. A dyma ein tystiolaeth i'r byd cyfan. Nid yw ysbryd Crist, sy'n ein harwain ni, yn agored i'w newid, fel y gellir ar un adeg ein gwahardd rhag ymgymryd â pheth sydd mor ddrygionus a phryd arall ei ganiatáu; ac rydym yn gwybod i sicrwydd, ac felly'n tystio i'r byd, na fydd ysbryd Crist, sy'n ein harwain at bob Gwirionedd, fyth yn ein cymell i frwydro na rhyfela yn erbyn unrhyw un ag arfau allanol, naill ai dros deyrnas Crist na thros deyrnasoedd y byd hwn.[18]

---

18 Dyfynnir gan Jenkins, J., *Ethics and Religion,* tud. 121

Ch. Terfysgaeth

Gwelodd y degawd diwethaf ddatblygiadau a gafodd eu disgrifio fel 'rhyfel yn erbyn terfysgaeth'. Llywodraeth yr Arlywydd George W. Bush a fathodd y term i ddisgrifio ymateb yr Unol Daleithiau i'r ymosodiad erchyll ar Efrog Newydd a Washington ar 11 Medi 2001. Lladdwyd tua 3000 yn y gyflafan honno a gyflawnwyd, fe gredwyd, gan ddilynwyr Osama bin Laden, a hynny gyda'i anogaeth a'i gefnogaeth. Un o amcanion y rhyfel yn erbyn terfysgaeth oedd ymosod ar unrhyw fannau lle y gallai Osama bin Laden neu ei ddilynwyr fod yn cuddio. O ganlyniad daeth Pacistan ac Irac yn dargedau. O dan reolaeth filwrol, sefydlwyd y 'gwersyll' i derfysgwyr tybiedig gan yr Unol Daleithiau ym Mae Guantánamo (ar Ynys Ciwba) er mwyn atal y bygythiad oddi wrthynt a'u croesholi er mwyn adeiladu achosion cyfreithiol yn eu herbyn. Y gwir yw, fodd bynnag, mai ychydig o'r rhai a garcharwyd yno a ddygwyd gerbron llys ac y mae llawer ohonynt wedi eu cadw yno yn groes i ofynion cyfraith ryngwladol. Ym marn llawer yn y gymuned ryngwladol – ac yn yr eglwysi – roedd y gwersyll hwn yn gwadu hawliau dynol sylfaenol, yn torri cyfraith ryngwladol ac yn cynyddu, yn hytrach na lleihau, y bygythiad rhyngwladol gan derfysgwyr. Addawodd Barack Obama, pan ddaeth yn Arlywydd yn 2008, y byddai'n cau'r gwersyll hwn ond hyd yma, ac yntau wedi dechrau ei ail dymor fel Arlywydd, ni lwyddwyd i gau'r gwersyll ac nid oes unrhyw arwyddion fod hynny'n debygol o ddigwydd yn fuan. Mewn gwirionedd, y mae mwy o bobl wedi marw yn y gwersyll (llawer ohonynt drwy hunanladdiad) nag sydd wedi eu dwyn gerbron llys. Mewn erthygl feirniadol iawn yn *The Guardian* ar 11 Medi 2012, fe ysgrifennodd y gohebydd Glen Greenwald y geiriau hyn:

In the hierarchy of evil, consigning someone who has been convicted of nothing to a cage year after year after year, until they die, is high up on the list. And in that regard, this latest episode [*lle roedd carcharor arall wedi ei ddarganfod yn farw yn ei gell*] demonstrates not only the ongoing travesty of the US's war on terror policies, but also the dishonesty of the attempt to exonerate Obama for those policies.

What has always made Guantánamo such an assault on basic notions of justice, and what still makes it so, is not its physical location in the Caribbean sea. Its defining evil is its system of indefinite detention: that human beings are imprisoned indefinitely, sometimes for life, without the obligation to prove they are guilty of anything. Notwithstanding the authoritarian eagerness on the part of many to blissfully assume that people in (Guantánamo) must be guilty terrorists because the US government says so, punishing people without trials or charges is as tyrannical as it gets, and it continues in full.[19]

Felly, os derbynnir y dyfarniad hwn – fel y byddai awdur y gyfrol hon – dyma droi gwersyll a fwriadwyd i fod yn fodd o wrthsefyll a dinistrio terfysgaeth yn fan sy'n cynrychioli 'ymosodiad ar syniadau sylfaenol am gyfiawnder' lle y mae cosbi pobl na ddygwyd gerbron llys yn ymddygiad sydd 'mor ormesol ag y mae'n bosibl bod'.

Y cwestiwn moesol i'w ystyried yng nghyd-destun y bennod hon yw hwn: onid yw argyfwng terfysgol y blynyddoedd hyn a'r bygythiad yn erbyn gwledydd 'democrataidd a Christnogol' y Gorllewin gyfryw ag i gyfiawnhau'r ymosodiadau milwrol

---

19 Greenwald, G., Another Guantánamo prisoner death highlights Democrats' hypocrisy, *The Guardian*, 11 Medi 2012, ar http://www. guardian.co.uk/commentisfree/2012/sep/11/guantanamo-prisoner-death-democrats, darllenwyd 16 Tachwedd 2012

(gan gynnwys lladd Osama bin Laden a Saddam Hussein gan filwyr America) a'r gwersyll yn Guantánamo yn enw'r rhyfel ar derfysgaeth? Oni ellir cymhwyso egwyddorion rhyfel cyfiawn i'r sefyllfa bresennol? Mae'n debyg mai dyma fyddai agwedd llawer sy'n cefnogi'r ymosodiadau a'r gwersyll: y mae'r byd (a'n byd Gorllewinol, cysurus ni, yn fwyaf arbennig) yn ddiogelach o ganlyniad i'r polisïau hyn. Y mae'r amcanion yn eglur a'r ymateb yn gymesur â'r bygythiad; nid oes dewis arall sy'n debygol o fod yn effeithiol yn erbyn 'gelynion' o'r fath; y mae'r polisïau wedi eu hawdurdodi gan awdurdod priodol. Dyna gyfarfod ag amodau rhyfel cyfiawn. Ond tybed?

Mewn darlith (sydd heb ei chyhoeddi) ym Mhrifysgol Abertawe yn Nhachwedd 2012, gofynnodd Roy Jenkins, y darlledwr enwog a sylfaenydd a chadeirydd y mudiad Cristnogion yn erbyn Poenydio yng Nghymru, 'Pam na wnawn ni boenydio terfysgwyr?'. Y tu ôl i'w gwestiwn roedd y farn ymhlith llawer (efallai'r mwyafrif) yng ngwledydd y Gorllewin fod y bygythiad i'n diogelwch o du terfysgwyr y cyfryw ag i gyfiawnhau poenydio er mwyn gorfodi carcharorion i ildio gwybodaeth i'r awdurdodau a bod angen gweld y dadleuon o blaid hawliau dynol yng nghyd-destun anferthedd y bygythiad cyfoes. Gwrthodai Roy Jenkins dderbyn y ddadl hon, a hynny am sawl rheswm. Yn gyntaf, y mae pob poenydio, am ba reswm bynnag, yn groes i ofynion cyfraith ryngwladol a chytundebau rhyngwladol y mae Prydain a'r Unol Daleithiau wedi eu derbyn (ond hyd yma wedi gwrthod eu llofnodi). Yn ail, y mae poenydio yn cael ei wahardd gan y Datganiad Byd-eang ar Iawnderau Dynol a gytunwyd gan y gymuned ryngwladol ym 1948 sy'n datgan hefyd fod gan bawb, pwy bynnag ydynt a beth bynnag y cânt eu drwgdybio o'i wneud, hawliau sylfaenol diymwad. Yn drydydd, nid yw'n wir dweud bod y bygythiad i'n diogelwch yn fwy yn awr nag a fu erioed: y mae'r rhyfel oer wedi dod i ben, y mae America a Rwsia wedi datgymalu eu stordai arfau niwclear ac y mae niferoedd y rhai sy'n cael eu lladd mewn rhyfeloedd a brwydrau (er bod y nifer yn dal i fod yn drasig o uchel) yn llai nag ar unrhyw adeg yn y ganrif ddiwethaf. Yn olaf, ac yn bwysicaf o safbwynt Cristnogol, yr ydym yn byw dan arglwyddiaeth Iesu, yr un clwyfedig, yr un a boenydiwyd ac a laddwyd gan rai a oedd yn tybio eu bod yn amddiffyn 'y gwirionedd'. Nid oes hawl gan Gristnogion i weithredu mewn unrhyw ffordd heblaw'r ffordd honno a gymerwyd gan Iesu.

Onid yw'r dadleuon hyn yn erbyn poenydio yn berthnasol hefyd mewn perthynas â'r rhyfel yn erbyn terfysgaeth? Y mae'r gwersyll, y rhyfeloedd o dan faner 'y rhyfel yn erbyn terfysgaeth' a lladd bin Laden a Hussein, mewn gwirionedd yn groes i ofynion cyfraith ryngwladol, yn tanseilio cytundebau byd-eang yr ydym wedi eu derbyn ac yn sicr yn groes i ddysgeidiaeth ac esiampl Iesu. Y mae datganiad y Crynwyr a ddyfynnwyd uchod yn fynegiant grymus o wrthwynebiad llwyr y Cristion ym maes terfysgaeth hefyd: 'Yr ydym yn ymwrthod yn llwyr â phob rhyfel a gwrthdaro ac ymladd allanol ag arfau allanol, i unrhyw amcan ac am ba reswm bynnag. A dyma ein tystiolaeth i'r byd cyfan. Nid yw ysbryd Crist, sy'n ein harwain ni, yn agored i'w newid, fel y gellir ar un adeg ein gwahardd rhag ymgymryd â pheth sydd mor ddrygionus a phryd arall ei ganiatáu.'[20]

D. Cyngor Eglwysi'r Byd a Rhyfel

Nid yw gofod yn caniatáu ystyriaeth fanwl o agweddau'r Cyngor (a'r mudiad ecwmenaidd byd-eang) tuag at ryfel a heddwch. Yma rhown ambell enghraifft yn unig o ddatganiadau a wnaed gan y Cyngor yn y maes hwn. Tarddodd y Cyngor o gynadleddau rhyngwladol a gynhaliwyd rhwng y ddau ryfel byd ac yr oedd canlyniadau erchyll cyflafan y Rhyfel Mawr yn gyd-destun

---

20 Jenkins, J., tud. 121

dylanwadol ar broses ffurfio'r Cyngor. Yn y diwedd cytunwyd ym 1938 i sefydlu'r Cyngor ond daeth yn amlwg yn fuan na fyddai hynny'n ymarferol gan fod rhyfel byd arall yn debygol. Felly ni chynhaliwyd Cymanfa gyntaf y Cyngor tan 1948. Yn y Gymanfa honno, cafwyd trafodaeth ar agweddau'r mudiad ecwmenaidd byd-eang tuag at ryfel. Yn ôl Esgob Chichester, George Bell (a fu'n gyfaill agos i Dietrich Bonhoeffer), 'yr oedd y gwahaniaeth rhwng rhyfel cyfiawn a rhyfel anghyfiawn wedi diflannu. Roeddem wedi dychwelyd i farbareiddiwch. Hyd yn oed os oedd gennym achos cyfiawn, nid oedd y modd y bu i ni amddiffyn yr achos hwnnw yn gyfiawn. Y mae'n bryd i'r Eglwys Gristnogol bwyso ar y byd i gydnabod y ffaith lem: fod rhyfel cyfoes yn dod â barbareiddiwch ac na all fod yn weithred o gyfiawnder.'[21] Cytunodd y Gymanfa ar adroddiad oedd yn datgan:

> Y mae rhyfel fel modd o ddatrys anghydfod yn hollol anghyson â dysgeidiaeth ac esiampl ein Harglwydd Iesu Grist … [Yng nghyd-destun rhyfel cyfoes] y mae traddodiad rhyfel cyfiawn, sy'n gofyn am achos cyfiawn a dulliau cyfiawn, yn awr yn cael ei herio.[22]

Yn y blynyddoedd dilynol, bu'r Cyngor yn llais Cristnogol byd-eang sydd wedi condemnio rhyfel yn gyson fel modd anghyfiawn o ddatrys anghydfod lleol neu ryngwladol, a chafwyd datganiad i'r perwyl hwn ym mhob Cymanfa oddi ar 1948.[23]

---

21 Visser 't Hooft, W. A. (gol.), *The First Assembly of the World Council of Churches: Official Report*, Gwasg CEB, 1949, tud. 102
22 ibid., tud. 89 ymlaen
23 Am fwy o wybodaeth am hyn, gweler Fey, H. E. (gol.), *A History of the Ecumenical Movement: Volume 2*, Gwasg CEB, 1970, tud. 272 ymlaen; Briggs *et al.* (gol.), *A History of the Ecumenical Movement: Volume 3*, Gwasg CEB, 2004, tud. 323 ymlaen, a Davies, N. A. a Conway, M., *World Christianity in the Twentieth Century (SCM Core Text)*, Gwasg SCM, 2008, tud. 217 ymlaen

Yn yr un modd, gwnaeth y Cyngor safiad clir iawn ar arfau niwclear. Er enghraifft, cytunodd Chweched Gymanfa CEB yn Vancouver ym 1983 ar y canlynol:

Rhaid i eglwysi ddwyn pwysau ar lywodraethau nes iddynt gydnabod anfoesoldeb diamheuol rhyfel. O'i ddechreuad fel cymdeithas o eglwysi Cristnogol y mae CEB wedi condemnio arfau niwclear oherwydd eu 'dinistr eang a diwahaniaeth' ac fel 'pechod yn erbyn Duw' (Y Gymanfa Gyntaf, Amsterdam, 1948), wedi cydnabod mai'r unig amddiffyniad sicr yn erbyn arfau niwclear yw eu gwahardd, eu dileu a'u gwirio (Ail Gymanfa 1954) ac wedi galw ar ddinasyddion 'i bwyso ar eu llywodraethau i sicrhau diogelwch cenedlaethol heb orfod dibynnu ar arfau dinistr torfol' (Pumed Gymanfa, 1975).

Ar sail y dadansoddiad hwn, cytunodd y Chweched Gymanfa fel a ganlyn: 'Credwn fod yr amser wedi dod pryd y mae'n rhaid i'r eglwysi ddatgan yn ddigamsyniol fod adeiladu a defnyddio arfau niwclear yn drosedd yn erbyn y ddynolryw ac y dylid condemnio gweithgaredd o'r fath ar sail foesol a diwinyddol'.[24]

Ond nid oedd y Cyngor yn medru gwneud safiad diamheuol ar y materion hyn bob tro. Er enghraifft, cynhaliwyd Seithfed Gymanfa'r Cyngor yn Canberra ym 1991 pan oedd Rhyfel y Gwlff yn digwydd. Cyflwynwyd cynnig gan Konrad Raiser (a ddeuai yn ddiweddarach yn Ysgrifennydd Cyffredinol y Cyngor) yn ychwanegu'r frawddeg ganlynol at y Datganiad ar y Rhyfel: 'Galwn ar [yr eglwysi] i ildio pob cyfiawnhad diwinyddol neu foesol dros ddefnyddio grym milwrol, naill ai mewn rhyfel neu drwy fathau eraill o systemau diogelwch

---

24 Datganiad ar Ddileu Arfau Niwclear (1983), Chweched Gymanfa CEB, Vancouver, yn Gill, D. M. (gol.), *Gathered for Life*, CEB, 1983, tud. 355 ymlaen

gorthrymol, ac yn hytrach i fod yn lladmeryddion dros heddwch cyfiawn.' Yn ôl Peter Lodberg, gwrthodwyd yr ychwanegiad hwn yn dilyn trafodaeth emosiynol (yr oedd awdur y gyfrol hon yn bresennol ynddi) pan ddadleuodd nifer o gynrychiolwyr (gan gynnwys rhai o gynrychiolwyr Eglwys Loegr) fod y geiriad hwn yn gosod gogwydd heddychiaeth ar y datganiad a fyddai'n ei wneud yn annerbyniol – gogwydd yr oedd gan gynrychiolwyr yr Annibynwyr a'r Presbyteriaid yng Nghymru gydymdeimlad llwyr ag ef.[25]

Dylid sylwi yn olaf ar agwedd ganolog arall ar weithgarwch y Cyngor yn y maes hwn. Ers 1983, (sef Chweched Gymanfa CEB yn Vancouver) bu'n ceisio gwneud mwy na chyhoeddi datganiadau ar foesoldeb rhyfel; bu hefyd yn cefnogi rhaglenni a oedd yn cymell yr eglwysi yn rhyngwladol, yn genedlaethol ac yn lleol i ymgyrchu dros heddwch, dros weithredu di-drais a thros heddwch cyfiawn. Er enghraifft, ym 1983 lansiwyd y broses 'Cyfiawnder, Heddwch a Chyfanrwydd y Cread' a oedd yn ceisio hyrwyddo agweddau a oedd yn clymu'r egwyddorion sylfaenol hyn wrth ei gilydd yng ngweithgaredd yr eglwysi. Ni ellir heddwch heb gyfiawnder ac ni ellir heddwch cyfiawn heb weithredu dros gynaladwyaeth yr amgylchedd. Rhwng 2001 a 2011 cynhaliwyd Degawd i Oresgyn Trais. Y mae'r Datganiad a gyhoeddwyd ym 1999 i lansio'r Ddegawd yn datgan:

Rydym yn dyheu am gymuned ymhlith y ddynolryw lle nad oes neb wedi ei gau allan a lle y gall pawb fyw mewn heddwch a chydag urddas. Wrth i ni ymdrechu i adeiladu diwylliant o heddwch, rydym yn ymwybodol y bydd angen i ni gychwyn ar broses ddofn o newid, gan ddechrau ag edifeirwch ac ymrwymiad newydd i ffynonellau ein ffydd. Rhaid i ni beidio â bod yn wylwyr trais neu'n

---

25 Lodberg, P., *Justice and Peace in a World of Chaos,* yn Briggs *et al.* (2004), tud. 336

bobl sy'n tristáu amdano'n unig. Yn hytrach rhaid i ni weithredu i'w oresgyn oddi mewn ac oddi allan i'r eglwys. Atgoffwn ein hunain a'r eglwysi am ein cyfrifoldeb cyffredinol i lefaru'n glir yn erbyn unrhyw ymdrech i amddiffyn strwythurau anghyfiawn a gorthrymus, hiliaeth, y defnydd o drais, yn cynnwys trais yn erbyn gwragedd a phlant, a phob trais yn erbyn hawliau dynol sylfaenol a gyflawnir yn enw unrhyw genedl neu grŵp ethnig.[26]

Hynny yw, nid yw dadlau'n haniaethol dros safbwynt moesol arbennig yn ddigon; y mae'n rhaid gweithredu yn unol â chydwybod Gristnogol i sefydlu heddwch gyda chyfiawnder.

CRYNHOI

Yn wyneb y safbwyntiau moesol a ystyriwyd yn y bennod hon, gallwn ddod i rai casgliadau.[27] Yn gyntaf, gan fod grymoedd arfog mor ddinistriol ar gael o hyd i'r ddynolryw efallai mai'r unig safbwynt dilys – o safbwynt Beiblaidd a diwinyddol – yw ymwrthod yn llwyr â phob rhyfela ym mhob amgylchiad, a chytuno ar heddychiaeth fyd-eang (term Moltmann yw *global pacifism*) sy'n cynnwys egwyddor Moltmann o 'oroesiad y ddynolryw' fel gorchymyn categorig, yn seiliedig ar Kant. Y cwestiwn allweddol, wrth gwrs, yw: yn y byd sydd ohoni, a ydyw'n ymarferol gosod fel amcan ecwmenaidd y nod uchelgeisiol o ddatblygu heddychiaeth fyd-eang sydd wedi'i gwreiddio yn nhraddodiadau cyfoethog crefyddau'r byd ac sydd yn medru gwrthwynebu gorthrwm a chreulondeb a chynnig

---

26 Gweler http://www.oikoumene.org/en/resources/documents/wcc-commissions/international-affairs/peace-and-disarmament/peace-concerns/the-decade-to-overcome-violence-dov-churches-seeking-reconciliation-and-peace.html, darllenwyd 16 Tachwedd 2012

27 Am ymdriniaeth lawnach o'r materion hyn gweler Davies, N. A. a Conway, M., *World Christianity in the Twentieth Century (SCM Core Text)*, Gwasg SCM, 2008, tud. 232 ymlaen

gobaith cyfiawn a thangnefeddus i'r ddynolryw? Un peth yw datblygu egwyddorion moesol. Mater hollol wahanol yw ceisio dod i gytundeb byd-eang ar ffyrdd o weithredu ar sail yr egwyddorion hynny yn y byd real, briwedig ac anghyfiawn y mae mwyafrif llethol trigolion y byd yn byw ynddo.

Yn ail, tra bod llawer o arfau niwclear y gorffennol wedi eu dinistrio y mae gwledydd yn dal i geisio adeiladu'r arfau hyn (a Llywodraeth y Deyrnas Unedig yn bwriadu adnewyddu ein harfau niwclear ni). Ond ni ellir gobeithio am ddileu'r holl arfau niwclear nac atal adeiladu rhai newydd nes bod cymuned fyd-eang deg a chyfartal wedi dod i fodolaeth lle mae gan hawliau pob person arwyddocâd cyfartal yn y broses o wneud penderfyniadau am ddyfodol y byd. Hynny yw, ni allwn, yn foesol nac yn ymarferol, wahanu heddwch a chymod oddi wrth gyfiawnder i bawb o bobl y byd. Felly, gan fod bygythion i'r ddynolryw yn dal mewn grym, y mae ar Gristnogion gyfrifoldeb moesol i ymgyrchu dros gryfhau mudiadau rhyngwladol megis y Cenhedloedd Unedig fel y gallant fod yn offerynnau credadwy yn yr ymdrech dros heddwch a chyfiawnder i'r gwledydd cyfoethog a'r gwledydd tlawd. Yn olaf, dylid parhau i sicrhau bod y cysylltiad rhwng effeithiau erchyll rhyfel, yr amgylchedd byd-eang a thlodion y ddaear yn cael y sylw priodol a bod sefydliadau rhyngwladol mwy effeithiol yn cael eu datblygu er mwyn hyrwyddo'r amcanion hyn.

Yn y diwedd, felly, nid yw cytuno ar ddamcaniaethau moesol mewn perthynas â rhyfel a heddwch yn ddigonol. Nid ydynt yn golygu llawer oni bai fod Cristnogion (ac eraill, wrth gwrs) yn fodlon gweithredu er mwyn creu byd cyfiawn a heddychol. Y mae geiriau'r Archesgob Robert Runcie yn ei bregeth ar ddiwedd Rhyfel y Malfinas (a hynny yn groes i ddymuniad y Prif Weinidog ar y pryd) yn mynegi rhywbeth o'r angen dwfn hwn:

In our prayers we shall quite rightly remember those who are bereaved in our own country and the relations of the young Argentinian soldiers who were killed. Common sorrow could do something to reunite those who were engaged in this struggle. A shared anguish can be a bridge of reconciliation. Our neighbours are indeed like us. [God] is able to deepen and enlarge our compassion and to purify our thanksgiving ... talk of peace and reconciliation is just fanciful and theoretical unless we are prepared to undergo such a revolution.[28]

---

28 Hastings, A., *Robert Runcie*, Mowbray, 1991, tud. 185–186

Diweddglo: Dylanwadau Ecwmenaidd ar Foeseg Gristnogol Gyfoes

Y CWESTIWN CANOLOG i'w ystyried yn awr yw: a ellir dirnad o'r ymdriniaeth uchod o amrywiol bynciau moesol cyfoes unrhyw dueddiadau neu egwyddorion sylfaenol sydd wedi nodweddu'r mudiad ecwmenaidd dros y ganrif ddiwethaf? Er ein bod wedi nodi agweddau Cristnogol amrywiol wrth i ni ystyried y gwahanol bynciau moesol, byddwn yn canolbwyntio yn y diweddglo hwn ar Gyngor Eglwysi'r Byd. Y Cyngor hwnnw – ar waetha'i broblemau a'r barnu a fu arno o sawl cyfeiriad – fu'n brif offeryn y mudiad ecwmenaidd byd-eang ers 1948. Nid oes unrhyw fan arall yn y cyfnod cyfoes lle y cafodd cynifer o eglwysi ac enwadau Cristnogol gyfle i ddod wyneb yn wyneb â'i gilydd, i drafod gyda'i gilydd, i geisio cytundeb â'i gilydd ac i weithredu gyda'i gilydd.

Yn gyntaf, bu'r amrywiaeth anhygoel ymhlith aelodaeth eglwysig ac enwadol y Cyngor yn fodd i gyfoethogi'r mudiad ecwmenaidd byd-eang yn ddirfawr, wrth gwrs, ond y mae'r un amrywiaeth wedi'i gwneud yn anodd dod i farn gytûn ar faterion moesol a diwinyddol. Y mae pob ymgais am unfrydedd barn yn y mudiad ecwmenaidd yn dibynnu ar ddeialog, a hynny'n aml rhwng Cristnogion sy'n dod o draddodiadau gwahanol iawn ac yn coleddu safbwyntiau gwahanol iawn i'w gilydd. O ganlyniad, cytunir naill ai ar gyfaddawd nad yw'n cynrychioli barn unrhyw un elfen yn y teulu ecwmenaidd neu ar ddatganiad nad yw'n gwneud mwy na cheisio disgrifio'r amrywiaeth o safbwyntiau a fynegwyd yn ystod y drafodaeth. Ond y mae'n wir dweud hefyd fod Cyngor Eglwysi'r Byd wedi bod yn lladmerydd effeithiol iawn dros egwyddorion moesol radical – yn fwyaf arbennig mewn perthynas â materion cymdeithasol a rhyngwladol – sydd wedi herio'r *status quo* mewn llawer sefyllfa. Fel y gwelsom, bu hyn yn arbennig o wir mewn meysydd lle mae heddwch a chyfiawnder i bobl sy'n dioddef yn sgil tlodi, anghyfiawnder hiliol, gorthrwm drwy law llywodraethau neu ryfel yn gofyn am ymateb Cristnogol rhyngwladol.

Yn ail, nodwedd bwysig arall o'r meddwl ecwmenaidd yw pwysigrwydd cyd-destun. Ar y cyfan, nid chwilio am atebion damcaniaethol neu haniaethol i gwestiynau moesol cyfoes a wnaeth y Cyngor ond ceisio cytuno ar ymateb sy'n cymryd y cyd-destun o ddifrif. Yn ddieithriad, fe wnaed hynny mewn ymgynghoriad llwyr â'r eglwysi a'r enwadau lleol. Er enghraifft, bu'r Cyngor yn flaengar iawn yn yr ymgyrchu yn erbyn apartheid yn Ne Affrica o 1948 ymlaen gan fod hiliaeth yn anfoesol o safbwynt Cristnogol a chan fod y mwyafrif o'r eglwysi a oedd yn aelodau'r Cyngor ar y pryd yn wrthwynebus i apartheid ac yn gorfod talu pris uchel am eu safiadau cyson yn erbyn y pwerau a oedd yn ceisio cynnal y drefn hiliol yn Ne Affrica.

Yn drydydd, yn rhannol oherwydd pwysigrwydd cyd-destun, bu gweithredu i wrthwynebu a gwrthweithio sefyllfaoedd anfoesol yn bwysicach na dod i gytundeb ar egwyddorion moesol mewn perthynas â'r sefyllfaoedd hynny. Gwelwyd yr ymgais i gytuno ar egwyddorion moesol a diwinyddol fel cynsail ar gyfer gweithredu cytûn ac nid fel diben ynddo'i hun. Edrych am solidariaeth wyneb yn wyneb ag anghyfiawnder y mae Cristnogion sy'n dioddef yn enbyd oherwydd anghyfiawnder, gorthrwm neu ryfel. Nid yw damcaniaethau'n ddigonol mewn sefyllfa felly. Canlyniad hyn yw fod safiadau moesol wedi arwain at greu rhaglenni gwaith. Trowyd y damcaniaethol yn weithredu: nid yw cytuno ar anfoesoldeb rhyfel yn ddigonol; rhaid gweithredu mewn partneriaeth â mudiadau cenedlaethol a rhyngwladol i ddod â'r brwydro i ben, i ymateb i anghenion y rhai sydd wedi dioddef yn enbyd o ganlyniad i'r rhyfela ac i geisio adeiladu cymdeithas newydd o adfeilion rhyfel. Moesoldeb gweithredol fu moesoldeb y mudiad ecwmenaidd ar hyd y blynyddoedd.

Yn olaf, os bu i un egwyddor foesol gael blaenoriaeth ym meddwl a gwaith y Cyngor ar hyd y blynyddoedd, egwyddor heddwch a chyfiawnder i bawb oedd honno. Gwelir nifer o enghreifftiau o'r egwyddor hon yn y gyfrol hon. Wrth ystyried moesoldeb y datblygiadau cyffrous ac addawol mewn meysydd meddygol a biowyddorol y cwestiwn pwysicaf i'r Cyngor oedd: a ellir cyfiawnhau'r gwariant enfawr mewn meysydd meddygol a gwyddonol o'r fath pan mai pobl mewn gwledydd cyfoethog sy'n elwa'n bennaf o'r datblygiadau hyn tra bod pobl mewn gwledydd tlawd yn marw o newyn ac afiechydon y byddai'r symiau sylweddol a gaiff eu gwario ar ymchwil enynnol neu gelloedd bonyn yn ddigonol i'w dileu neu eu lleihau i raddau helaeth iawn? Yn yr un modd, yr egwyddor foesol greiddiol mewn perthynas â'r amgylchedd yw: sut mae sicrhau bod penderfyniadau economaidd a gwleidyddol mewn ymateb i'r argyfwng ecolegol yn rhoi blaenoriaeth i'r tlodion sy'n byw mewn gwledydd sy'n debygol o ddioddef fwyaf pan fydd lefel y cefnforoedd yn codi ac yn eu bygwth? Er enghraifft, sut mae sicrhau bod blaenoriaeth ryngwladol yn cael ei rhoi i'r miliynau o bobl dlawd sy'n byw ar iseldiroedd Bangladesh sydd mewn perygl o ddioddef llifogydd o ganlyniad i gynhesu byd-eang? Nid ceisio darganfod sut y gallwn ni osgoi canlyniadau enbyd yr argyfwng ym myd bancio ar ein pocedi ni yn y Gorllewin ddylai gael blaenoriaeth wrth feddwl am foesoldeb economeg a masnach ond sut mae sicrhau, mewn byd ansicr ac anghyfartal, nad yw'r miliynau'n dal i farw o newyn oherwydd nad yw'r byd 'cyfoethog' yn fodlon nac yn medru cytuno i newid strwythurau economaidd y byd er budd y tlotaf. Yn yr un modd, mewn perthynas â rhyfel a heddwch, y cwestiwn moesol allweddol yw: sut mae datblygu mudiadau rhyngwladol dros heddwch a chyfiawnder a fydd yn medru gweithredu dros hawliau moesol y gwledydd tlawd yn hytrach na thros fuddiannau economaidd a strategol y gwledydd cyfoethog a phwerus? Hynny yw, y mae moesoldeb yn peidio â bod yn astudiaeth ddamcaniaethol sy'n ceisio llunio egwyddorion y gellir cytuno arnynt ac yn dod yn gynsail, yn hytrach, ar gyfer cydweithredu mewn ymateb i ryw sefyllfa anfoesol neu'i gilydd.

Y mae hyn oll yn awgrymu, er bod ffynonellau traddodiadol moeseg Gristnogol megis y Deg Gorchymyn neu'r Bregeth ar y Mynydd yn hollol sylfaenol o hyd i Gristnogion ar draws y byd, gan eu bod yn cynnig y seiliau cadarnaf yn y drafodaeth foesol ecwmenaidd fyd-eang, mai diwinyddiaeth Teyrnas Dduw fel y cafodd ei chyhoeddi a'i chyflawni yn nysgeidiaeth a gweinidogaeth Iesu yw craidd a chalon y foeseg Gristnogol. Nid casgliad o egwyddorion yw'r foeseg Gristnogol, yn ôl y dehongliad hwn, ond cyflwr personol, cymdeithasol a rhyngwladol lle mae cariad a chymod, trugaredd a thosturi, cyfiawnder a heddwch Duw yn teyrnasu yn Iesu Grist. Yn y deyrnas hon, a ddaeth ac a ddaw yn ei chyflawnder yn Iesu Grist a thrwyddo, bydd y bregus, y gorthrymedig, y clwyfedig a'r tlodion yn cael blaenoriaeth, a'u hanghenion hwy fydd yn cael y lle blaenaf mewn unrhyw ymdrech i fyw a gweithredu'n foesol. Y mae'r Iesu a roddodd ei hunan ar y groes er mwyn eraill yn mynnu mai moesoldeb er mwyn eraill yw'r moesoldeb Cristnogol cyfoes o hyd. Dim ond mewn perthynas ag eraill, gan geisio bod yn ymwybodol o anghenion pobl eraill a chydymdeimlo â'u cyflwr, y gallwn, fel Cristnogion, ddod i benderfyniadau moesol sy'n deilwng o'r Crist sy'n Arglwydd arnom.

Y mae hyn yn golygu mai sail a sylfaen ein bywyd Cristnogol (ac felly ein moeseg Gristnogol, gan fod y rhain yn gyfystyr â'i gilydd) yw haelioni ac nid hunanoldeb. Nid haelioni tuag at ein gilydd fel personau dynol yn unig a olygir yma, ond haelioni tuag at y ddaear a'r bywyd sydd arni ac ynddi, a haelioni tuag at y greadigaeth gyfan. Fel y gwelsom, 'Caiff buddiannau dynol eu perthynoli er lles y cymunedau bywyd mwy cyfannol yr ydym yn rhan ohonynt ac yr ydym yn ddibynnol arnynt.'[1]

Gyda hyn oll mewn golwg, gadawn i eiriau Stanley Hauerwas gloi'r ymdrech fechan hon i ystyried her y foeseg Gristnogol gyfoes a darllenwn ei eiriau ef yng ngoleuni'r haelioni cyfannol hwn tuag at y greadigaeth gyfan:

[Y mae'r deyrnas o gariad a ddaeth yn Iesu] yn cael ei hymgorffori'n fwyaf eglur yn y rheidrwydd i fod yn groesawus. Rydym yn gymuned sydd ar egwyddor bob amser yn barod i rannu bwyd gyda'r dieithryn. Ymhellach, rhaid i ni fod yn bobl y mae gennym hunan croesawus – rhaid i ni fod yn barod i gael ein hymestyn gan yr hyn nad yw'n hysbys i ni. Daw cyfeillgarwch yn ffordd o fyw wrth i ni ddysgu llawenhau ym mhresenoldeb eraill. Gan hynny, y mae teyrnas Iesu yn un sy'n gofyn am ymrwymiad i ffrindiau, oherwydd hebddynt hwy nid yw siwrnai'r deyrnas yn bosibl. Ni allwn wybod i ble rydym yn cerdded [*nac i ble y dylem gerdded*] oni bai ein bod yn cerdded gydag eraill.[2]

---

1   Rasmussen, 1996, tud. 345
2   Hauerwas, S., *The Peaceable Kingdom,* Gwasg SCM, 1983 a 2003, tud. 91

LLYFRYDDIAETH

Abrecht, P., *Ecumenical Social Thought and Action,* yn Fey, H. E., *A History of the Ecumenical Movement: 1948–68*, Cyhoeddiadau CEB, 1970

Adroddiad Warnock, 1984, Report of the Committee of Enquiry into Human Fertilisation and Embryology (Her Majesty's Stationery Office)

Atkinson, D. J. & Field, D. H. (gol.), *New Dictionary of Christian Ethics and Pastoral Theology,* IVP, 1995

Ballard, P. H., *Towards a Contemporary Theology of Work,* Canolfan Ddiwinyddiaeth Golegol, Coleg y Brifysgol, Caerdydd (diddyddiad)

Beauchamp, T. L. a Childress, J. F., *Principles of Biomedical Ethics*, Gwasg Prifysgol Rhydychen, 1989

Beauchamp, T. L. a Walton, L., *Contemporary Issues in Bioethics,* Wadsworth, 1994

Brown, M., *Tensions in Christian Ethics: An Introduction*, SPCK, 2010

Cohn-Sherbok, D., *World Religions and Human Liberation,* Gwasg Orbis, 1991

Datganiad ar Ddileu Arfau Niwclear (1983), Chweched Gymanfa CEB, Vancouver, yn Gill, D. M. (gol.), *Gathered for Life*, CEB, 1983

Davies, E. W., *The Immoral Bible: Approaches to Biblical Ethics*, T & T Clark, 2010

Davies, N. A. a Conway, M., *World Christianity in the Twentieth Century (SCM Core Text)*, Gwasg SCM, 2008

Davies, N. A. a Williams, R., *Cymru: Cymdeithas Foesol? Ymateb ecwmenaidd i rai cwestiynau moesol yng Nghymru*, Cytûn, 1996

Davies, N. A., *Crefydd a Moeseg ar gyfer Myfyrwyr*, Gwasg UWIC, 2003

Davies, N. A., *Crefydd a Moeseg: Llawlyfr Athrawon*, Gwasg UWIC, 2003

Davies, N. A., *Perspectives on Prosperity: A Study of Welsh Ethical Approaches* yn Platten, S. (gol.), *Crucible*, Hydref–Rhagfyr 2006, Gwasg Palmer

Davies, W. D., *The Setting of the Sermon on the Mount*, Caergrawnt, 1964

Dodd, C. H., *The Epistle of Paul to the Romans*, Fontana, 1965

Duncan, A. S. *et al.* (gol.), *Dictionary of Medical Ethics*, DLT, 1981

Elford, R. John, *The Ethics of Uncertainty*, One World, 2000

Elliott, R., *Environmental Ethics*, yn Singer, P. (gol.), *A Companion to Ethics*, Blackwell, 1993

Fletcher, J., *Situation Ethics: The New Morality*, Gwasg Westminster, Philadelphia, 1963

Gill, R., *A Textbook of Christian Ethics*, T & T Clark, 1995

Glover,J., *Causing Death and Saving Lives*, Penguin, 1990

Griffiths, W. B., *Yr Epistol at y Rhufeiniaid*, Llyfrfa'r Methodistiaid, 1955

Gustafson, J. F., *Ethics from a Theocentric Perspective* (2 gyfrol), Prifysgol Chicago, 1981 a 1984

Gustafson, J. F., *Protestant and Roman Catholic Ethics*, SCM, 1979

Gutiérrez, G., *A Theology of Liberation: History, Politics and Salvation*, cyfieithwyd a golygwyd gan y Chwaer Caridad Inda a John Eagleson, Llyfrau Orbis, 1988

Harakas, S. S., *Science, Technology, Ecology* yn Briggs, J. *et al.* (gol.), *A History of the Ecumenical Movement, 1968–2000*, Cyhoeddiadau CEB, 2004

Hare, R. S., *Freedom and Reason*, Gwasg Prifysgol Rhydychen, 1963

Hare, R. S., *Moral Thinking*, Gwasg Prifysgol Rhydychen, 1981

Hastings, A., *Robert Runcie*, Mowbray, 1991

Hauerwas, S., *A Community of Character*, University of Notre Dame, 1981

Hauerwas, S., *The Peaceable Kingdom*, SCM, 1983

Hauerwas, S., *Pacifism: Some Philosophical Considerations*, yn *Faith and Philosophy*, Ebrill 1985

Hay, D., *Economics*, yn Alister M. McGrath, *Encyclopedia of Modern Christian Thought*, Blackwell, 1995

Her i Newid, Cymdeithas y Beibl, 1996

Holm, J. & Bowker, J. (eds.), *Making Moral Decisions*, Pinter, 1994

Jenkins, J., *Ethics and Religion*, Heinemann, 1999

Jones, Pryderi Llwyd, *Iesu'r Iddew*, Y Lolfa, 2000

Jones, R., *The Groundwork of Christian Ethics*, Epworth, 1984

Knight, Douglas, yn Mills, W. E. (gol.), *The Lutterworth Dictionary of the Bible*, Gwasg Lutterworth, 1997

Leopold, A., *A Sand County Almanac*, Ballantine, 1970

Linzey, A., *Animal Theology*, Gwasg Prifysgol Illinois, 1994

MacQuarrie, J. (ed.), *A Dictionary of Christian Ethics*, SCM, 1967

Mahoney, J., *The Making of Moral Theology*, Rhydychen, 1987

Messer, N., *SCM Study Guide to Christian Ethics*, SCM, 2005

Morgan, P. & Lawton C. (eds.), *Ethical Issues in Six Religious Traditions*, Edinburgh University Press, 1996

Mounce H. O. (cyf. Gealy, W. L.) 'Immanuel Kant', yn Daniel, J. a Gealy, W. L. (gol.), *Hanes Athroniaeth y Gorllewin*, Gwasg Prifysgol Cymru, 2009

Mudge, L., *Ecumenical Social Thought*, yn Briggs, J. *et al.*, *A History of the Ecumenical Movement, 1968–2000*, Cyhoeddiadau CEB, 2004

Niebuhr, R., *Moral Man and Immoral Society*, Scribners, 1932

Northcott, M. S., *A Moral Climate,* Cymorth Cristnogol/DLT, 2007

Panel Rhyng-lywodraethol ar Newid Hinsawdd (The Inter-governmental Panel on Climate Change, IPCC), 1990, 1995, 2005 a 2007

Parrinder, G., *Sexual Morality in the World's Religions*, Sheldon, 1980

Pope, R., *Building Jerusalem,* Gwasg Prifysgol Cymru, 1998

Pope, R., *Seeking God's Kingdom*, Gwasg Prifysgol Cymru, 1999

Preston, R. H., *Confusions in Christian Social Ethics*, SCM, 1994

Rasmussen, L. L., *Earth Community, Earth Ethics*, Cyhoeddiadau CEB, 1996

Robra, M. (gol.), *Science, Faith & New Technologies: Transforming Life, Volume II: Genetics, Agriculture and Human Life*, Cyngor Eglwysi'r Byd, 2005

Scruton, R., *Kant*, Rhydychen, 1982

Singer, Peter (gol.), *A Companion to Ethics*, Blackwell, 1991

Statement on Eco-justice and Ecological Debt, CEB, Medi 2009

Stivers *et al.*, *Christian Ethics: A Case Method Approach*, Llyfrau Orbis, 2005

The Catechism of the Catholic Church, Chapman, 1996

Thompson, M., *Ethics*, Hodder a Stoughton, 2000

Vardy, P. & Grosch, P., *The Puzzle of Ethics*, Fount, 1994

Visser 't Hooft, W. A. (gol.), *The First Assembly of the World Council of Churches: Official Report*, Gwasg CEB, 1949

Von Rad, Gerhard, *Old Testament Theology*, I, Oliver and Boyd, 1962

Williams, B., *Utilitarianism: For and Against*, Caergrawnt, 1973

Williams, H., *Duw a Phob Daioni*, Pantycelyn, 1985

Williams, R., *Faith in the Public Square*, Bloomsbury, 2012

Pryderi Llwyd Jones

Iesu'r Iddew

a Chymru 2000

£6.95

Am restr gyflawn o lyfrau'r Lolfa, mynnwch
gopi am ddim o'n catalog
neu hwyliwch i mewn i'n gwefan

www.ylolfa.com

lle gallwch archebu llyfrau ar-lein.

TALYBONT CEREDIGION CYMRU SY24 5HE
ebost ylolfa@ylolfa.com
gwefan www.ylolfa.com
ffôn 01970 832 304
ffacs 832 782